RAPPORT

FAIT

AU NOM DU COMITÉ DE MENDICITÉ,

ES visites faites dans divers Hôpitaux, Hospices et Maisons de charité de Paris.

AR M. DE LA ROCHEFOUCAULD-LIANCOURT,

DÉPUTÉ DU DÉPARTEMENT DE L'OISE.

MPRIMÉ PAR ORDRE DE L'ASSEMBLÉE NATIONALE.

A PARIS,
DE L'IMPRIMERIE NATIONALE.
1790.

ERRATA.

Page 4, ligne 4, quatorze à quinze mille pauvres; *lisez*: onze à douze mille.

RAPPORT

FAIT

AU NOM DU COMITÉ DE MENDICITÉ,

Des visites faites dans divers Hôpitaux, Hospices et Maisons de charité de Paris.

PAR M. DE LA ROCHEFOUCAULD-LIANCOURT,

DÉPUTÉ DU DÉPARTEMENT DE L'OISE.

IMPRIMÉ PAR ORDRE DE L'ASSEMBLÉE NATIONALE.

L'ASSEMBLÉE NATIONALE, en comprenant, dans le travail dont elle a chargé son Comité de Mendicité, le soin de lui présenter des vues sur le meilleur moyen d'assister les pauvres, dans l'état de maladie, de vieillesse & d'infirmité, lui a prescrit le devoir de prendre soigneusement toutes les connoissances qui pourroient le plus complétement servir les intentions bienfaisantes dont elle est animée pour cette classe infortunée qu'elle a pris, au nom de la Nation, l'engagement de secourir. Le Comité a cru ne pouvoir plus efficacement suivre le vœu de l'Assemblée, qu'en ajoutant aux lumières que lui ont fourni les divers ouvrages écrits sur cette matière, & les renseignemens pris sur les établissemens des Peuples voisins, les connoissances plus particulières qu'il retireroit de la visite des différens hôpitaux de Paris. Il a pensé que les immenses établissemens faits pour la Capitale du Royaume, devoient présenter une masse d'avantages ou d'abus précieux à examiner avec attention, & dont l'observation réfléchie devoit faciliter son travail. A ces grands motifs, suffisans sans doute pour avoir déterminé les visites qu'il a cru devoir faire dans ces différentes maisons, il a joint encore le desir de se mettre ptomptement en état de proposer un travail pour les Hôpitaux de Paris, si l'Assemblée pensoit que l'étendue de la Capitale, le nombre prodigieux des malheureux qui doivent y être assistés, l'"organisation particulière de sa Municipalité, exigoient une modification au systême général qu'elle pourroit prescrire pour les Hôpitaux & Hospices du Royaume. L'Assemblée, informée de ces visites, a ordonné que le compte lui en soit rendu, & qu'il soit publié.

Le comité a cru qu'il devoit plutôt mettre sous les yeux de l'Assemblée l'ensemble de l'administration des diverses maisons qu'il a visitées, que les détails multipliés de leur police intérieure ; il n'auroit pas même eu le moyen de les recueillir dans leur totalité. Malgré les visites répétées qu'il a faites dans les mêmes Maisons, & malgré le zèle & le soin avec lesquels il a pris les informations dont il rendra compte, le temps qu'il a pu leur donner a été borné : cependant, il ose assurer qu'aucun des faits qu'il exposera ne pourra être contesté ; enfin, il les présentera avec la franchise qui est le devoir essentiel de tous les Comités de l'Assemblée Nationale, mais qui semble être plus positivement encore celui du Comité à qui elle a daigné confier, d'une manière plus particulière, la cause des pauvres & des malheureux.

Il commencera ses rapports par le compte de l'Hôpital général, parce que cette administration répandant des secours de plusieurs espèces, & sur une plus grande quantité d'individus, donne lieu à un plus grand nombre d'observations & sera d'un intérêt plus grand pour l'Assemblée.

HOPITAL-GÉNÉRAL (1).

INTRODUCTION.

L'Hôpital-général, composé des Maisons de Scipion, de la Pitié, des trois Maisons des Enfans-Trouvés, de Bicêtre, de la Salpétrière, du St. Esprit, de Ste. Pélagie & du Mont-de-Piété, assiste habituellement quatorze à quinze mille pauvres, sans y comprendre les enfans-trouvés placés à la campagne. Douze Administrateurs-gérans dirigent aujourd'hui cette immense administration qui a eu jusqu'à présent pour chefs supérieurs, l'Archevêque de Paris, les premiers Présidens des Cours souveraines, le Procureur-général du Parlement, le Lieutenant de Police & le Prévôt des Marchands. Ces premiers Administrateurs, qui tenoient leur autorité de leur place, ne se méloient de l'administration que dans les cas très-rares où il s'agissoit d'une décision de grande importance; alors ils se réunissoient avec les Administrateurs-gérans à l'Archevêché en bureau-général.

Les Administrateurs-gérans s'élisoient entr'eux quand

(1) Les visites, dans toutes les Maisons de l'Hôpital-général, ont été faites par MM. de Liancourt, Curé de Sergy, de Cretot, Députés; & MM. Montlinot & Thouret, agrégés externes au travail du Comité.

il y avoit une place vacante ; leur élection devoit être confirmée en bureau-général, & elle l'étoit toujours ; ils prêtoient serment au Parlement, & restoient Administrateurs inamovibles. Choisis dans la meilleure bourgeoisie de Paris, & parmi les hommes qui généralement avoient dans leur vie acquis une réputation plus reconnue de probité, ils apportoient toujours, dans l'administration, des vues désintéressées & des intentions pures. C'est un hommage que nous nous croyons en droit de leur rendre d'après la voix publique confirmée par tout ce que nous avons été à portée de reconnoître plus particulièrement.

Mais l'administration de dix maisons qui secourent près de quinze mille individus, est une machine immense qu'il est au-dessus des forces humaines de régir avec tous les soins de détail qu'exige l'assistance des malheureux. Cette machine est gouvernée encore par les réglemens de sa formation faits en 1656, & depuis ce moment, elle a reçu, à plusieurs époques, des augmentations considérables qui ont rendu son administration plus difficile. Dans le nombre des Administrateurs, plusieurs ayant un autre état, chargés d'affaires étrangères à l'Hôpital, ne peuvent donner tout leur temps à cette administration dont les détails ont successivement été rendus & plus multipliés & plus compliqués. Le moindre changement qu'ils eussent voulu apporter aux réglemens imparfaits, aux usages anciens de ces Hôpitaux, eût nécessité la sanction des grands Administrateurs, celle du Parlement, des Ministres ; & peut-être ne l'eût pas obtenu. Quelques tentatives en ont montré les difficultés, & ont dû refroidir le zèle de ceux qui, avec plus d'espérance de succès, eussent provoqué avec plus de suite ces changemens desirables. D'ailleurs, il falloit reprendre sous-œuvre l'ensemble de ce gothique édifice, le reconstruire, pour ainsi dire, à neuf; des réparations partielles eussent mis en péril son existence. Il falloit, pour espérer quelque succès, réunir à une conception hardie, un courage opiniâtre pendant plusieurs années & qu'aucun obstacle ne devoit intimider, il falloit une autorité sans bornes. Cette entreprise ne pouvoit être du ressort des Administrateurs-gérans. Toutes ces considérations les justifient des vices malheureusement trop nombreux qui se rencontrent dans l'administration de l'Hôpital-général; on peut les dire inhérents à une aussi immense machine; ils s'y sont perpétués depuis sa création par l'empire de l'habitude dont rien ne dérange l'influence quand elle doit transmettre des abus, & qui est généralement la loi souveraine de tous les Hôpitaux. Nous les présenterons vivement & fortement comme nous en avons été frappés; & nous ferons voir alors, comment, sous l'administration d'hommes honnêtes, vertueux & bien intentionnés, les préjugés & la routine peuvent cependant consacrer & légitimer, pour ainsi dire, des usages que la plus simple réflexion réprouve, & faire même méconnoître les droits de l'humanité.

Les Administrateurs ont, depuis plusieurs mois, donné la démission de leurs places qu'ils ont déclaré ne vouloir plus exercer; mais ils continuent, au desir de la Commune de Paris, de donner, pendant quelque temps encore, les mêmes soins à l'Hôpital-général.

MAISON DE SCIPION.

La Maiſon de Scipion eſt le dépôt général des vivres de l'Hôpital-général, & le centre commun d'où partent tous les jours le pain, la viande & la chandelle que l'on conſomme dans les autres Maiſons.

Soixante & quatorze Employés de toute eſpèce ſont deſtinés à ce ſervice. Huit Commis, à la tête deſquels eſt un Econome, règlent & inſpectent tout ce qui tient à cette régie très-compliquée ſous tous les rapports. Le bled s'achète dans différentes Provinces. Il eſt mis en farine dans les moulins de Corbeil, qui, au nombre de dix, appartiennent à l'Hôpital, & converti en pain dans la Maiſon de Scipion. Vingt-quatre boulangers cuiſent environ vingt mille livres de pain par jour. Quatre garçons bouchers & pluſieurs autres employés ſont chargés de la diſtribution des viandes. L'Hôpital-général conſomme annuellement environ dix-huit cents bœufs, huit cents veaux, & ſix mille moutons. Les achats ſont réglés par les Adminiſtrateurs qui en chargent des Commiſſionnaires & des Inſpecteurs particuliers. Nous nous propoſons de préſenter ailleurs quelques réflexions ſur cette régie, qui, embraſſant des détails immenſes, doit être ſurveillée ſans ceſſe.

La fourniture de la viande eſt en partie à l'entrepriſe, puiſqu'elle eſt confiée à un Fourniſſeur qui promet livrer, à un prix & à un poids fixés, la quantité de beſtiaux néceſſaires à la conſommation de l'Hôpital.

Un Entrepreneur eſt chargé auſſi de la fourniture du bois, dont la conſommation eſt de ſix mille voies par an. Quarante-quatre chevaux ſont tous les jours occupés à faire ce ſervice. On pourroit croire que le calcul d'un bénéfice conſidérable pour l'Hôpital a pu déterminer l'adminiſtration à ſe charger des ſoins très-multipliés & très-pénibles d'une auſſi immenſe régie. Cependant, le prix de la viande, en comptant le bénéfice des graiſſes, n'eſt que d'un cinquième au-deſſous du prix de Paris. Les variations ſurvenues dans le prix des grains rendent plus difficile de fixer le prix du pain comparé avec celui que le vendent les Boulangers; ce calcul, d'ailleurs, ne pourroit être exact, parce que les principaux employés de l'Hôpital & les Penſionnaires mangeant du pain blanc, un ſeptième de fleur de farine, pris, à cet effet, ſur toute la farine employée, dérangeroit toute appréciation de cette nature. Il en réſulte cependant que ſi le pain bis du pauvre eſt bon, comme nous nous en ſommes aſſurés, il doit être auſſi un peu moins ſubſtantiel.

La conſommation de la chandelle, dans les différentes Maiſons de l'Hôpital eſt d'environ quatre-vingt dix mille livres par année : elle ſe fait à la Maiſon de Scipion; ce qui s'en fabrique d'excédant eſt vendu.

On eſt étonné d'y voir que les mèches qui pourroient fournir du travail à quelques pauvres de l'Hôpital, ſoient achetées toutes filées. Cette économie, ſi c'en eſt une, ne nous a pas paru bien calculée, & fait voir d'avance combien peu, dans ce grand établiſſement, on s'occupe de ménager les moyens de travail.

MAISON DE LA PITIÉ.

La Maiſon de la Pitié doit être conſidérée ſous deux rapports ; comme centre de l'adminiſtration des Maiſons réunies, ſous le nom d'*Hôpital-général*, & comme Hôpital particulier.

Sous le premier rapport, la Maiſon de la Pitié eſt le lieu où les pauvres de toutes les claſſes, qui réclament l'aſſiſtance des Hôpitaux dépendans de l'adminiſtration, viennent préſenter leurs titres. Ces titres ſont la pauvreté abſolue certifiée par les Curés. Deux Adminiſtrateurs au moins doivent les vérifier, &, ſelon leur validité & la vacance de places, admettre ou rejeter les poſtulans. Cette préſentation a lieu les lundis de chaque ſemaine.

Cette Maiſon eſt encore le magaſin commun des étoffes achetées dans les Provinces pour l'habillement de tous les pauvres aſſiſtés par l'Hôpital-général ; ces habillemens y ſont même généralement travaillés. La Maiſon de la Salpétrière fait travailler, dans ſon intérieur, ceux deſtinés à ſon uſage ; mais les étoffes en ſont toujours fournies par les magaſins de la Pitié.

Les poiſſons, légumes & fruits ſecs pour la ſubſiſtance générale ſont mis auſſi en magaſin dans cette Maiſon, & fournis de-là à toutes les autres.

Quatre-vingt-douze perſonnes des deux ſexes ſont employées au travail des vêtemens, ou à la garde des magaſins. La fabrication de toutes les parties de l'habillement de quinze mille individus qui forment la population des maiſons de l'Hôpital-général, fourniroit un travail utile & ſûr à un bon nombre de pauvres, ſi le ſyſtême de l'entière oiſiveté n'étoit pas celui que l'adminiſtration paroît avoir adopté. Ce ſyſtême qui ſembleroit ne devoir être attribué qu'au vice d'une longue habitude, nous a été préſenté par les Adminiſtrateurs eux-mêmes, comme l'effet d'un principe réfléchi dont il eſt cependant difficile d'admettre la vérité. Cette triſte réflexion ſur l'abſence entière de travail dans ces Maiſons de charité, afflige à chaque pas; &, ſans doute, dans le cours des comptes que nous avons à vous rendre, nous vous en fatiguerons pluſieurs fois encore.

Au reſte, les magaſins & les ateliers nous ont paru propres, & les regiſtres dans un grand ordre.

La Maiſon de la Pitié, conſidérée comme Hôpital, eſt deſtinée aux enfans pauvres admis par les mêmes formes, & aux mêmes titres que les autres pauvres de l'Hôpital-général. Il paroît que le nombre de ces enfans n'eſt fixé par aucun Réglement. Il y en a, à l'époque actuelle, mille trois cent quatre-vingt ſeize, & cette quantité qui excède celle ordinairement reçue dans la Maiſon, tient à la difficulté du moment pour les débouchés.

Ces enfans ſont reçus depuis quatre ans juſqu'à douze. Ils doivent être conſervés à la Maiſon juſqu'à ce qu'ils aient fait leur première communion, ou plus tard, s'ils ne ſont pas aſſez forts pour être mis en apprentiſſage. Ils ſont répartis en ſept diviſions appelées emplois, &

y reçoivent l'instruction de la lecture, de l'écriture, de l'arithmétique & de la religion. Chaque emploi a un maître & un sous-maître. Ces divisions ne sont pas graduelles.

Un emploi particulier est destiné aux seuls enfans de quatre à huit ans. Ils y sont à présent au nombre de trois cent quatre-vingt. Parvenus à l'âge de huit, ces enfans sont indifféremment répartis dans les autres emplois.

Celui appelé des convois, c'est-à-dire, destiné à aller aux enterremens, est composé des plus grands; & nous dirons, en passant, qu'il nous semble que des jeunes gens que l'on accoutume ainsi à jouer à côté des cadavres & des cérémonies les plus tristes de la religion, doivent recevoir de cette habitude une empreinte de dureté & d'immoralité qui peut se retrouver dangereusement dans le cours de leur vie.

L'instruction est la même par-tout, & par-tout les mêmes moyens. Chaque emploi a plus ou moins de dortoirs & de salles de classe. Les dortoirs, même anciens, sont assez grands; les nouveaux sont vastes, bâtis avec intelligence pour procurer des courans d'air; mais le nombre d'enfans couchans dans la même chambre est toujours trop grand. On fait admirer des lits d'une nouvelle construction qui coulent & se nichent sous d'autres; de manière qu'une salle qui contient cinq rangées de lits quand les enfans se couchent, n'en présente que trois quand ils ne sont pas couchés. Il est difficile de ne pas craindre que ces lits, roulés sous les autres, dès que les enfans en sortent, & découverts seulement quand ils y rentrent, ne présentent plus de causes d'insalubrité, que s'ils étoient toute la journée à l'air.

La gale & la teigne ſont les ſeules maladies traitées dans la Maiſon. Les enfans malades ſont envoyés à l'Hôtel-Dieu. Ceux qui n'y meurent pas, en rapportent la gale, qui paroît perpétuelle dans ce grand Hôpital.

Le ſcorbut eſt très-commun dans la Maiſon de la Pitié; on aſſure que les farineux donnés avec abondance en nourriture à ces enfans, en ont diminué l'intenſité. Les fièvres rouges y ſont auſſi des maladies habituelles; mais elles ſont, ainſi que les petites véroles, portées à l'Hôtel-Dieu; & l'on ſent bien que leur danger augmente & de cette tranſportation forcée, & du traitement qu'elles y reçoivent. On n'a jamais penſé, depuis quarante ans que l'inoculation eſt connue en France, à prouver, par des grandes expériences faites ſur un grand nombre d'enfans, combien cette précieuſe manière de ſe préſerver de la plus horrible maladie, étoit ſans danger, & à en faire connoître l'avantage à toutes les claſſes de la ſociété. Il faut cependant convenir que de tous les biens qui peuvent être eſpérés d'un grand établiſſement de charité, celui-ci ſeroit un des plus importans, puiſqu'il ſeroit à-la-fois ſalutaire aux enfans qu'il préſerveroit d'une maladie ſouvent mortelle, & dont les ſuites ſont ſouvent encore fâcheuſes pour ceux qui en réchappent, & d'un exemple déterminant pour tant de perſonnes qui ignorent encore juſqu'au nom de l'inoculation. Mais chaque pas fait dans les Hôpitaux perſuade davantage que ces Maiſons ſont l'aſyle des préjugés, qui s'y conſervent bien des années après qu'ils ont diſparu du reſte du monde. Les meilleurs raiſons y ſont toujours prêtes pour prouver qu'un changement quelconque ſeroit un mal.

A la ſuite des grands bâtimens que l'on conſtruit, à grands frais, à la Pitié depuis ſix à huit ans, on projète de bâtir une infirmerie; mais elle n'eſt pas faite encore, & en attendant, ces malheureux enfans vont périr en foule à l'Hôtel-Dieu. Il eſt vraiment inconcevable que la charité qui aſſiſte la pauvreté, ſoit auſſi peu ſouciante & auſſi peu éclairée pour ſa conſervation. A quoi bon réunir treize cents enfans quand on ne peut pas les traiter en maladie? La bienfaiſance ne feroit-elle pas plus entière, ſi le nombre des admis étoit de moitié moins conſidérable, & plus complétement aſſiſté? Cette éternelle routine, ſuivie dans ces établiſſemens de bienfaiſance qui devroient s'enrichir de toutes les lumières utiles à l'humanité, fait naître des réflexions bien triſtes; & combien ne le feroient-elles pas davantage encore ſi un ſimple calcul additionnoit le nombre des morts dues à cette incurie d'habitude!

Les enfans ſont nourris comme les pauvres de toute l'adminiſtration; ils le ſont ſuffiſamment puiſqu'ils ont en général l'air de la ſanté: mais, malgré les éloges qui nous ont été faits des ſoins de leur éducation, ils ſont mal élevés, puiſqu'en général ces enfans ne tournent pas à bien.

Il y a une claſſe d'élèves, c'eſt-à-dire, de ceux, qui, pour l'écriture & la lecture, montrent le plus de diſpoſitions & de talens: ils ſont douze ſur treize cents enfans, proportion bien modique; encore pluſieurs de ces élèves ſont-ils pris dans la ville, par faveur & protection, ce qui décourage & fait murmurer les enfans de la Maiſon. Cette petite claſſe, établie ſeulement depuis quatre mois ; doit être la pépinière des sous-maîtres ; plusieurs écrivent très-bien.

L'instruction générale, il faut le répéter, ne consiste qu'à lire, écrire & apprendre la religion. Sur la réflexion que nous nous sommes permise aux Administrateurs, que c'étoit apprendre la religion bien long-temps que de l'apprendre cinq heures par jour pendant douze ans, pour des enfans qui sembloient ne devoir que savoir leur catéchisme, ils nous ont répondu qu'on leur apprenoit la religion mieux qu'ailleurs ; que c'étoit ainsi qu'on leur préparoit des principes pour l'avenir ; & c'est cependant d'eux qu'un moment plus tôt nous avions appris que ces enfans tournoient presque tous mal. Il est vrai que, dans un petit Mémoire fait sur l'Hôpital de la Pitié, nous avons lu que plusieurs de ces élèves avoient, devant M. l'Archevêque de Paris, l'année dernière, soutenu un exercice où ils avoient expliqué : *Jésus-Christ figuré par les Patriarches de l'ancien Testament, & Jésus-Christ prédit par tous les Prophetes.* Cet effort de leur part étoit présenté par l'Auteur comme une preuve qu'ils avoient approfondi la Religion, & qu'elle ne leur étoit pas enseignée comme à des *Perroquets.* Il semble que des enfans, destinés à être Théologiens, Docteurs de Sorbonne, &c. pourroient être très-utilement instruits de cette manière, mais que les principes de Religion, nécessaires à tous les hommes, une fois bien inculqués à ces pauvres enfans, le travail seroit leur meilleure institution.

Mais nous l'avons dit & nous le répétons encore à

regret : il n'eſt aucun travail dans cette Maiſon ; ces malheureux enfans, deſtinés à être pauvres toute leur vie, ſont façonnés par la charité à l'oiſiveté, à l'inertie, & préparés par conſéquent à devenir des ſujets nuiſibles à la ſociété.

Les Adminiſtrateurs, ſur la forte objection que nous leur avons faite de nouveau contre cette pernicieuſe pratique de leur Maiſon, l'ont motivée ſur l'économie. Point de débouché à leurs lacets, comme ſi les lacets étoient les ſeuls ouvrages que l'on pût faire dans un Hôpital, & comme ſi l'intelligence ne créoit pas des moyens de travail, & ne trouvoit pas dans Paris des débouchés certains à toute eſpèce de main-d'œuvre ; & comme ſi enfin, perdre quelques ſommes annuellement en faiſant travailler ces enfans, n'étoit pas encore, en bon calcul d'adminiſtration, gagner beaucoup. Ils nous ont dit qu'ils manquoient de local, comme s'ils n'euſſent pas pu placer ailleurs leurs magaſins, recevoir moins d'enfans, établir les ateliers dans les claſſes, &c. ; comme ſi encore une vigilance mieux entendue n'eût pas, depuis bien long-temps, tranſporté hors de Paris cet établiſſement, ne l'eût pas diviſé en cinq ou ſix Maiſons à la campagne, & n'eût pas ainſi fourni à ces enfans un travail utile, meſuré ſelon leur force, mais toujours en activité, & par là des moyens de ſanté, de conduite & d'aiſance pour le reſte de leur vie.

C'eſt à la campagne, ſans aucun doute, que doivent être tranſportés promptement ces établiſſemens deſtinés à la jeuneſſe. L'air & le mouvement ſont les premiers besoins de cet âge, & l'habitude d'un travail constant sa première instruction nécessaire ; mais les Administrateurs n'auroient pas cet établissement sous leurs yeux, leur surveillance seroit inquiétée de l'éloignement, & sans doute leur attachement pour les soins qu'ils donnent à leurs Maisons, les égarent plus que leurs propres intérêts d'Administrateurs, sur le bien qui résulteroit de ce changement ; & puis, cette éternelle & toujours renaissante routine, la meilleure de toutes les raisons : faire ce qui a été fait la veille, est toujours bien. Que d'administrations dont cette espèce de proverbe a jusqu'ici été le seul principe !

Revenons à ces enfans. La première Communion faite & leurs forces suffisamment acquises, les maîtres ouvriers de Paris les demandent en apprentissage. Ils doivent y rester trois ans, & reçoivent de la maison un petit trousseau de la valeur de 21 liv. Pendant ces trois ans ils sont encore sous la surveillance de la Maison. Cet apprentissage de trois années doit les conduire à pouvoir gagner leur vie. Un Inspecteur doit suivre leur conduite chez les différens maîtres où ils sont placés : mais qu'est-ce que la surveillance d'un homme sur quatre cent cinquante enfans qui doivent se trouver à-la-fois en apprentissage, & qui sont répandus dans tout Paris ? & que feroit à ces enfans une surveillance plus active, quand ils n'ont plus rien à espérer de la Maison dont ils sortent, & quand la correction qu'ils en craignent est plutôt comminatoire que réelle ; car elle se borne à rappeler les coupables dans la Maison où ils ne peuvent pas être gardés long-temps, ou à les

envoyer

envoyer à Bicêtre à la Maiſon de correction, avec des enfans la plupart condamnés pour crime, & qu'ils achèvent de les corrompre; d'où il arrive que leur inconduite chez les maîtres eſt rarement réprimée. Ces enfans, la plupart trop jeunes pour bien calculer leurs intérêts, entraînés par mille écueils d'autant plus dangereux qu'ils ſortent, pour ainſi dire, de captivité, ne travaillent pas, ſe conduiſent comme ils l'entendent; les maîtres qui ne doivent recevoir aucun avantage, aucune prime de ſatisfaction, ſi leur élève fait des progrès, ſe laſſent bientôt de leur inconduite; ils ſe plaignent; la Maiſon n'y peut rien; les enfans continuent de mal-en-pis, quittent les maîtres, s'en vont, deviennent fainéans, mendians, vagabonds, & repeuplent les cabanons de Bicêtre, s'ils ne font pas une fin plus miſérable encore. C'eſt de MM. les Adminiſtrateurs que nous tenons ces détails. Ils nous ont avoué avec douleur que plus des trois quarts de ces enfans déſertoient de chez leurs maîtres. Tel eſt le réſultat néceſſaire d'une éducation ſans travail. Le défaut d'encouragement pour les maîtres & les élèves eſt ſans doute un vice, mais le principe du mal eſt dans l'habitude de l'oiſiveté.

Les Adminiſtrateurs qui ſentent une partie de ces inconvéniens, en reconnoiſſent encore dans l'eſpèce des enfans admis à la Pitié, & la donnent comme une des cauſes les plus puiſſantes de l'impoſſibilité du travail. Ils diſent que beaucoup de ces enfans ne paſſent que quelque temps dans la Maiſon; que leurs parens viennent ſouvent les rechercher, & que quand ils devroient y reſter juſqu'à leur première Communion, plus des trois quarts y ſont une perpétuelle navette, & y reſtent, les uns quinze jours, les autres pluſieurs mois, les autres deux à trois ans; ils diſent que ſouvent ces enfans obtiennent des certificats des Curés, qui atteſtent une pauvreté qui n'exiſte pas, ſoit que les Curés ſoient abſolument trompés, ſoit qu'ils ne ſoient que foibles; ils diſent que ſouvent un enfant revient à la Maiſon quatre à cinq fois. Sans doute ces inconvéniens ſont réels & les obſtacles bien difficiles à vaincre; mais il ſemble auſſi qu'une grande attention, une grande ſévérité, & une grande exactitude à ſuivre les règles ordonnées par les édits de création & autres qui n'ont jamais été révoqués, anéantiroient tous ces vices que l'inſouciance & l'inexactitude ont ſeules laiſſé établir, & dont l'ancienneté fait la plus grande force. Mais on peut quelquefois reconnoître le mal ſans trouver les moyens de le réparer, & voilà où en eſt l'adminiſtration de cet Hôpital.

Il exiſte encore dans cette Maiſon, un vice que nous avons retrouvé dans preſque toutes celles de l'Hôpital-général; c'eſt un grand nombre de femmes & un grand mélange des Officiers & Employés des deux ſexes. Ces femmes ne ſont d'aucune congrégation. Les Supérieures & Officières ſont communément âgées, mais les ſubalternes & les employées ſont reçues à tout âge, & priſes là où la préférence les fait choiſir. Le plus grand nombre eſt cependant élevé dans les Maiſons de l'Hôpital.

On ſent facilement combien, indépendamment des petits déſordres de mauvais exemples, qui peuvent avoir lieu dans ces maiſons, il doit arriver fréquemment, quand les hommes y ont la principale autorité, qu'ils la laiſſent à la diſpoſition de celles qu'ils préfèrent, & combien ces petites vanités & ces petits intérêts doivent ſe parer & abuſer de cette grande confiance; combien leur influence doit avoir d'effets de prévention & d'injuſtice, & combien ces préventions & ces injuſtices ſont de grands malheurs quand elles portent ſur des individus déjà malheureux par l'âge, les infirmités, la misère ou la captivité. Si tous ces inconvéniens ſont ſans exemple dans les Maiſons de l'Hôpital-général, il faut convenir qu'ils n'y ſont pas ſans vraiſemblance.

Indépendamment de dix-ſept maîtres & ſous-maîtres, d'un directeur & d'un ſous-directeur d'études, on voit avec peine, ſur l'état des employés de la Maiſon de la Pitié, huit Prêtres dont la ſeule fonction eſt le Service divin. Il ſemble que les maîtres & ſous-maîtres pourroient bien remplir ces fonctions compatibles avec leur état, ou que ſi quelque Prêtre de ſupplément étoit néceſſaire, le nombre de huit eſt exceſſif.

Parmi trois cent vingt-deux perſonnes employées dans la Maiſon de la Pitié tant pour l'Hôpital que pour les magaſins, il y a cent cinquante-neuf femmes. L'Econome de la Maiſon & la Supérieure ont chacun une autorité diſtincte & égale; grande ſource de déſordres : mais, dans le cas de querelle ou de déſunion dans la Maiſon, la Supérieure prononce.

Il y a, dans cette maiſon, beaucoup d'apparence d'ordre & beaucoup de propreté. Elle eſt auſſi bien tenue qu'elle peut l'être d'après les principes qui la régiſſent.

Les réflexions que nous vous avons soumises prouvent que nous pensons cependant qu'elle peut l'être beaucoup mieux sous plusieurs rapports intéressans.

LES TROIS MAISONS DES ENFANS-TROUVÉS.

De tous les établissemens fondés & soutenus par la charité, un des plus intéressans sans doute, est celui qui a pour objet d'assister les enfans abandonnés, et de leur faire trouver dans les soins de la bienfaisance, les secours qu'ils devoient attendre de la nature, & qu'elle leur refuse; tel est l'objet de l'Hôpital des Enfans-Trouvés.

Ce grand établissement assiste les enfans qui lui sont apportés, & ne cesse ses secours que quand ils sont en état de gagner leur vie.

Trois Maisons composent cet établissement, dépendant lui-même en partie de la grande Administration de l'Hôpital-général. Ces trois Maisons sont, la Maison de la Crèche, près Notre-Dame, l'Hospice de Vaugirard, & la Maison de Saint-Antoine.

La Maison de la Crèche est celle où sont apportés tous les enfans qui viennent de naître; aucun renseignement n'est demandé à ceux ou celles qui apportent ces enfans; aucune condition n'est imposée pour leur admission. L'intention bienfaisante de conserver à la vie le plus grand nombre possible des enfans que leurs parens abandonnent, a proscrit toute information; elles pouvoient éloigner bien des mères du dessein d'assurer à leurs malheureux enfans au moins la protection du Gouvernement. Cette réserve entière, établie seulement depuis quelques années, a produit le salutaire effet de faire apporter promptement & directement à la Maison de la Crèche tous les enfans abandonnés qui, jadis exposés dans les rues, étoient souvent trouvés morts ou expirans de la rigueur de la saison, ou de l'influence de l'air. Cinq à six mille enfans sont annuellement apportés à la Maison de la Crèche; le plus grand nombre est né à Paris; cependant on en compte de sept à huit cents envoyés des Provinces, & la Bourgogne est de toutes celle qui en fournit le plus; il sont gardés dans cette Maison jusqu'au moment où ils sont mis en nourrices, ou confiés à des meneurs chargés de ce soin dans les campagnes qu'ils habitent; mais un grand nombre meurt avant cette époque; deux tiers au moins succombent dans le premier mois, & dans ces deux tiers, trois cinquièmes avant d'être donnés aux nourrices.

Cette prodigieuse mortalité s'attribue particulièrement au mauvais état dans lequel la plupart de ces enfans, fruit, ou de la débauche, ou de la misère, sont apportés à l'Hôpital: une maladie contagieuse, presque toujours existante dans cette Maison, connue sous le nom de *Muguet*, & dont ces enfans guérissent peu, en enlève beaucoup encore. Enfin, ces enfans restent quelquefois des semaines, des mois entiers sans nourrices, réunis en grand nombre dans les mêmes salles; & cette dernière cause de mort n'est sans doute pas la moins funeste.

Ceux qui échappent à ces premiers dangers trouvent rarement dans leurs nourrices une nourriture propre à les remettre de leur première détresse. Ces femmes, payées au-dessous du prix ordinaire des nourritures, sont nécessairement dans une situation d'indigence, peu propre à fournir du bon lait, toujours pauvres, souvent vieilles & malades, & le nombre de celles qui se présentent est encore trop peu considérable pour que la Maison de la Crèche puisse se rendre difficile sur le choix.

L'infériorité du prix dans lequel est tenu le salaire donné aux nourrices des Enfans-Trouvés, n'est pas l'effet d'un calcul d'économie; elle prend son motif dans l'impossibilité où seroient beaucoup d'habitans de Paris de trouver des nourrices, si elles exigeoient un prix plus élevé que celui qu'elles exigent à présent, ce qui arriveroit sans doute si l'Hôpital des Enfans-Trouvés élevoit celui qu'il donne jusqu'au taux commun; tant il est vrai que souvent la bienfaisance trouve des obstacles à son extension dans la justice même & dans l'ordre public.

Les charrettes dans lesquelles ces enfans entassés sont menés avec leurs nourrices, sont encore pour eux un nouveau danger; ce danger augmente selon la longueur de la route qui souvent est considérable. Le plus grand rapprochement des demeures de ces nourrices est de douze lieues de Paris, le plus grand éloignement est de soixante.

Vingt-deux meneurs, dispersés dans toute cette étendue, correspondent avec l'Administration, font les affaires des Nourrices de leur Département, & ont sur elles une sorte de surveillance dont les frais sont payés par l'Administration.

Comme les premiers mois de la vie de ces enfans sont les momens où elle est le plus en danger, l'Administration encourage les Nourrices à des soins plus particuliers, en mettant, pendant cette époque, plus fortement en jeu leur propre intérêt. Indépendamment de douze liv. qui leur sont accordées de plus dans la première année, elles reçoivent une prime de six liv. à la fin des trois premiers mois, & une autre égale à la fin du neuvième, si l'enfant confié à leurs soins existe à cette époque. Cette combinaison d'encouragement est un établissement nouveau; elle prouve combien l'Administration s'occupe avec réflexion de l'existence des enfans; elle produira sans doute quelques bons effets; mais tant de vices sont inhérens à une aussi immense Administration, que la prévoyance & la réflexion ne peuvent que légèrement en diminuer le nombre; car il faut convenir que de tous les secours à donner à l'humanité souffrante, ceux à donner aux enfans-trouvés sont le plus difficiles.

Il vaut presqu'autant leur refuser des secours que de les leur donner incomplets. Les secourir sans réserve, c'est cependant tenter un grand nombre de mères d'abandonner à la charité publique leurs propres enfans; c'est à-la-fois charger les Hôpitaux d'une dépense qui ne devroit pas être la leur, &, ce qui est pis mille fois, c'est rendre cette Administration de bienfaisance, complice du crime le plus contraire à la nature, & d'autant plus dangereux à voir s'étendre, qu'il trouve son excuse dans le sentiment maternel lui-même, qui porte une mère à desirer de se détacher de son enfant pour lui assurer un meilleur sort.

Et il n'est pas hors de propos de rappeler à cette occasion que les Lettres-patentes données par Charles VII, le 7 Août 1445, relativement à l'Hôpital du Saint-Esprit, défendant de recevoir dans cette Maison des enfans bâtards, s'expliquent ainsi : *Si on en recevoit, il y en auroit si grande quantité, parce que moult de gens s'abandonneroient, & feroient moins de difficultés de eux abandonner à pécher, quand ils verroient que tels enfans bâtards seroient nourris davantage, & qu'ils n'en auroient pas la charge première ni sollicitude.*

Le secours à donner à ces enfans est donc rempli de difficultés ; le retour des meilleures mœurs qui doit être excité par toutes les loix, tous les réglemens, tous les établissemens, peut seul en triompher.

Pour suppléer à l'inconvénient très-commun de l'insuffisance dans le nombre des Nourrices, on a fait dans cet Hôpital plusieurs essais de nourrir ces enfans avec du lait d'animaux ; ces essais ont été tentés dans la Maison même, & en en confiant le soin à des femmes de campagne. Mais quoiqu'ils n'aient pas eu de grands succès, l'Administration est persuadée elle-même qu'ils seroient répétés utilement s'ils étoient faits avec une suite de précautions que l'expérience a montrées nécessaires, & elle pratique cette nourriture artificielle pour les enfans qu'elle reçoit, jusqu'au moment où les Nourrices viennent les chercher. C'eſt à la campagne que ces établiſſemens doivent être faits pour en aſſurer le ſuccès, & ils devroient être très-multipliés ; une courte inſtruction pratique qui pourroit avoir lieu dans la capitale, mettroit bientôt un nombre conſidérable de femmes de campagne en état de ſuivre avec fruit cette méthode, & de conſacrer leur vie à ce genre de ſervice auquel l'expérience les rendroit tous les jours plus propres.

Ceux des enfans-trouvés qui échappent à tous les dangers dont ſont remplis les premiers temps de leur vie, ſont, à l'âge de six à ſept ans, ou ramenés à la Maiſon de Saint-Antoine, ou conſervés par les Nourrices, qui reçoivent alors une penſion de quarante liv. juſqu'à ce que l'enfant ſoit parvenu à l'âge de ſeize ans. Preſque tous ces enfans conſervés par les Nourrices par-delà le premier terme fixé, ſont gardés dans leur maiſon juſqu'à ce qu'ils ſe marient, y ſont traités comme les propres enfans ; le plus grand nombre tourne bien, & deviennent de bons habitans des campagnes.

L'éducation qu'ils reçoivent à Saint-Antoine, plus ſoignée ſans doute, & ſur-tout plus diſpendieuſe, ne réuſſit pas autant, & le nombre de ceux des deux ſexes qui, mis en métiers, deviennent de bons ouvriers & de bons ſujets, eſt bien peu conſidérable.

Cette Maiſon, un peu plus ſoignée que celle de la Pitié, réunit cependant à-peu-près les mêmes inconvéniens : les petits garçons ne ſont occupés à aucun travail, par les mêmes raiſons de défaut de débouchés, de danger pour la ſanté, par des raiſons enfin puériles, &

qui ne peuvent être admiſes par la plus légère réflexion. Le travail des petites filles eſt un peu plus ſuivi, & fait même une partie du revenu de l'établiſſement ; mais ſorties de la Maiſon, ces enfans n'en tournent pas mieux : elles ſont ordinairement demandées pour être ſervantes, quelquefois pour être ouvrières. Leur éducation les rend ſi peu propres à la fatigue, qu'elles ſont promptement renvoyées des maiſons où elles entrent, & beaucoup d'elles ſans reſſources, ſans état, après être reſtées quelque temps ſans place, & avoir abuſé de leur liberté, ſont admiſes encore à la Maiſon de Saint-Antoine, & mêlées dangereuſement avec les jeunes filles à qui leur expérience ne peut être d'aucun avantage.

L'établiſſement des Enfans-Trouvés bien charitable, bien utile, bien reſpectable dans ſon intention, a le défaut du ſiècle où il a été fondé, & celui de tous les grands établiſſemens ; on y nourrit, on y entretient l'enfant qui y eſt reçu, mais on ne s'occupe que de ce ſoin, exercé encore ſelon les anciennes pratiques de l'établiſſement. Par exemple, les enfans en nourrice, répandus dans les campagnes, ne ſont preſque jamais viſités : au moins ne le ſont-ils ni fréquemment, ni régulièrement. Le Curé du lieu où ils ſont, eſt bien chargé de ſigner tous les ans une feuille qui conſtate, ou leur exiſtence ou leur mort ; mais aucun Médecin, aucun Chirurgien n'a commiſſion de ſuivre ces malheureux enfans dans leurs maladies, de les ſurveiller ; enfin l'exiſtence, la ſubſiſtance qu'ils reçoivent leur eſt accordée comme une aumône : jamais les ſoins ſuivis & éclairés de la bienfaisance, ou même de la charité, ne leur sont donnés. La même insouciance se porte sur le sort de ces enfans, ou en métier, ou répandus dans la société : dès qu'ils sont sortis de la maison, ils ne sont plus rien à ce grand établissement, qui ayant assuré leur vie sembleroit avoir le droit & le devoir d'en suivre tous les évènemens & tous les intérêts.

Dans les seize dernières années cent un mille enfans ont été reçus aux Enfans-Trouvés, quinze mille seulement existent aujourd'hui, huit cents à la Maison de Saint-Antoine, quatre-vingts à-peu-près à la Maison de la Crèche. Ces derniers, destinés aux quêtes publiques dans certains jours de l'année, sont choisis parmi les plus jolis enfans des deux sexes, & gardés dans cette Maison jusqu'au moment où ils sont mis en métier; & comme les soins qu'ils reçoivent sont moins divisés, leur éducation, à-peu-près la même, réussit mieux qu'à Saint-Antoine : une beaucoup plus grande proportion tourne bien. Tout le reste est dans les campagnes, ou chez les Nourrices qui les ont conservés, ou chez d'autres habitans qui les ont demandés à l'Administration.

Quelques enfans encore sont à l'hospice de Vaugirard : ce sont ceux qui nés avec le mal vénérien en infectoient les Nourrices auxquelles ils étoient donnés, & les rendoient ainsi victimes de leur pauvreté & de leur dévouement. Diverses tentatives avoient été précédemment faites pour la guérison de ces malheureux enfans, soit en les traitant par des boissons, & donnant à leurs Nourrices des préservatifs, soit en les nourrissant au lait d'animaux, & les ſoumettant à des frictions. Réunis depuis dix ans dans l'hoſpice de Vaugirard, les enfans infectés du mal vénérien ſont donnés à des Nourrices malades de la même maladie ; la Nourrice eſt traitée, & ſon lait apporte à l'enfant aſſez de contre-poiſon pour détruire en lui le vice qu'il faut combattre. Preſque toutes arrivent groſſes : leur traitement qui commence avant leur accouchement, ſe continue juſqu'à la fin de la nourriture ; elles nourriſſent à-la-fois, & leur enfant, & l'enfant-trouvé malade. Dans le nombre de dix-neuf mille cinquante-neuf enfans, apportés dans cette Maiſon depuis dix ans, quatre cent quarante ont été guéris, quinze cent dix-neuf ſont morts, ce qui porteroit aux ſept neuvièmes la proportion de la mortalité ; mais il faut obſerver que dans ce nombre, ſept cent quatre vingt-huit n'ont pas pris le teton, & n'ont par conſéquent été ſoumis à aucun traitement. Il faut ſe rappeller que parmi les enfans-trouvés apportés à la Maiſon de la Crèche ſans indication de maladie, deux tiers meurent dans le premier mois, & alors on trouvera la proportion moins forte, & le bien de cet établiſſement grand, quand ſur-tout on apprendra qu'avant qu'il eût lieu, aucun de ces enfans réputés *viciés* n'échappoit à la mort. Dans les avantages de cet établiſſement, il faut encore compter celui de guérir les Nourrices.

Tous les Médecins, & les Médecins Anglois particulièrement, ne reconnoiſſent pas que le mal vénérien ſoit auſſi commun dans les enfans, que l'on paroît le croire dans cette Maiſon & dans celle de la Crèche, d'où ils viennent, où l'on en estime le nombre annuel à cent trente. Quelques-uns mêmes, mais en petit nombre, prétendent que ce mal ne peut être communiqué par la mère, & qu'aucun enfant n'en est atteint en naissant. C'est à l'expérience & aux discussions savantes à éclairer ce grand procès. De cette incertitude, il doit bien résulter que quelques enfans confiés à des Nourrices vénériennes pourroient bien n'être pas malades, car les Médecins eux-mêmes conviennent que peu ont des symptômes très-marqués, & qu'ils jugent la maladie par la situation extérieure & générale de l'enfant ; mais il est difficile, d'après ce que nous avons vu, & d'après l'opinion commune, de douter que quelques-uns ne naissent viciés. Quoi qu'il en soit, il faut convenir que l'idée de ce traitement est à-la-fois ingénieuse & humaine, & que c'est en l'appliquant ainsi, qu'on a la première fois imaginé de rendre avec nécessité la corruption utile à l'innocence. On croit rémarquer que les Nourrices de ces enfans leur sont plus attachées & en prennent plus de soins que les Nourrices d'enfans sains, soit que l'état de maladie où elles sont elles-mêmes les rende plus foibles, & par conséquent plus sensibles ; soit plutôt que par cette loi bienfaisante, & presque toujours certaine de la nature, ces femmes s'attachent, par les soins qu'elles donnent, par l'espérance & le plaisir de retirer ainsi d'un grand danger ceux de ces malheureux enfans dévoués sans elles à la mort.

Les Maisons de la Crèche & celle de Saint-Antoine, confiées aux soins des Sœurs de la Charité, sont tenues avec ordre & propreté ; les soins charitables de cette respectable Congrégation y sont aussi complets que partout ailleurs : c'est un hommage que nous trouvons ici avec plaisir l'occasion de leur rendre ; elles sont, dans l'une & l'autre Maison, aidées par des filles de service tirées de celles de l'Hôpital-général, ou prises à leur choix ; le nombre en varie à la Maison de la Crèche, selon celui des enfans ; à Saint-Antoine, il est de trente-six, & ce grand nombre d'employées est un défaut commun à tous les établissemens de l'Hôpital.

La Maison de Vaugirard est conduite par un Économe, une Officière & un Chirurgien : cette Maison nous a paru aussi en bon ordre.

L'établissement des Enfans-Trouvés est uni à celui de l'Hôpital-général, quoiqu'ayant des revenus séparés ; & ses Administrateurs, choisis parmi ceux de l'Hôpital-général, ne sont cependant qu'au nombre de huit : le revenu des Enfans-Trouvés est de plus de neuf cent mille livres, en y comprenant les revenus des Pélerins de Saint-Jacques, qui viennent de leur être affectés. Ce que ces revenus auroient d'insuffisant devroit être suppléé par l'Hôpital-général qui fournit encore, de la Maison commune de Scipion, les comestibles à toutes celles dépendantes des Enfans-Trouvés.

Quoique les soins donnés aux enfans abandonnés soient incomplets, quoique les vices inhérens à un aussi immense établissement coûtent la vie à beaucoup d'eux, & que la proportion de ceux qui retirent d'heureux fruits de leur éducation soit très-petite, cependant beaucoup d'enfans légitimes y ſont abandonnés ; les Adminiſtrateurs en eſtiment le nombre à près de moitié. On a cru qu'en rendant aux parens qui avoient ainſi abandonné leurs enfans, le moyen de les retirer plus difficile, le nombre en diminueroit, & l'Adminiſtration a en conſéquence exigé que la nourriture de ces enfans, eſtimée par elle à cent livres, ſeroit rembourſée par ceux qui les réclament, même en prouvant qu'ils en ſont les véritables parens. Ce moyen, dur en apparence, mais ordonné à bonne intention, n'a pas eu de ſuccès, & le nombre des enfans légitimes n'en paroiſſoit pas diminué.

Une aſſociation bienfaiſante de Dames, formée depuis peu ſous le nom de *Charité Maternelle*, s'eſt propoſé le même but avec des moyens plus doux, & leurs eſſais paroiſſent déjà couronnés de ſuccès.

Recherchant avec ſoin dans tous les quartiers de Paris, qu'elles ſe ſont diſtribués entr'elles, les femmes que la miſère pourroit déterminer à abandonner leurs enfans, elles les aſſiſtent de ſoins & de ſecours ; elles leurs donnent à elles-mêmes le ſalaire qu'elles donneroient à une Nourrice étrangère, & les préſervent ainſi du grand danger qui menace toutes les femmes qui font leurs couches à l'Hôtel-Dieu, & qui y meurent dans une proportion conſidérable.

Elles prolongent leur aſſiſtance juſqu'à deux années, & elles ne ſe refuſent à aucune peine, à aucune recherche, pour que leur bienfaiſance ne ſoit pas trompée, pour qu'elle porte ſur les plus malheureuſes. Leur charité a tous les caractères de la véritable bienfaiſance, activité, sévérité & simplicité, & leurs soins vigilans rendent réellement ainsi des mères à leurs enfans & des enfans à leurs mères. Déja l'année dernière l'établissement des Enfans-Trouvés a reconnu une diminution de trois à quatre cents enfans qu'il attribue à cette charitable association.

Cette association, formée de souscriptions volontaires, appelle les regards & les secours de la ville de Paris. Les circonstances ont diminué les fonds, les ressources, & par conséquent la possibilité des secours, & cependant jamais ils n'ont été aussi nécessaires. Il semble qu'il est de l'intérêt de l'humanité, & des mœurs publiques, de soutenir cette salutaire association qui, tendant à soulager l'établissement des Enfans-Trouvés, pourroit recevoir des fonds de l'Hôpital-général, quelques secours passagers, qui ainsi ne recevroient pas même une application étrangère au but de leur institution première. Mais il faudroit que la grande sévérité avec laquelle la Charité Maternelle refuse aujourd'hui tous secours inutiles, fût le premier principe réglémentaire de cette institution; mal dirigée, & sans vigilance, elle pourroit produire des effets absolument contraires aux intentions vertueuses & bienfaisantes qui l'ont formée.

HOPITAL DU SAINT-ESPRIT.

L'Hôpital du Saint-Esprit, dont la Fondation, due à une association de bienfaisance, remonte à l'année 1362, a pour objet d'élever des enfans des deux ſexes nés à Paris, orphelins de père & mère, & dans un état abſolu de pauvreté; ſans même, diſent les Lettres-patentes qui l'ont confirmé, que ces enfans puiſſent eſpérer de ſecours de parens ou amis.

Une Déclaration de Louis XIV, en date du 12 Avril 1680, ordonne la réunion de cette Maiſon à celle de l'Hôpital-général, & particulièrement à celle de la Pitié, par la raiſon expreſſe *que les fonds réunis donneront le moyen d'entretenir plus d'enfans, ſans augmenter le nombre de Maîtres & d'Officiers* qui étoient alors à la Pitié. La Déclaration du Roi, portant cette réunion, rappelle les titres & les conditions qu'exige & que promet la fondation. Les enfans, dont le nombre doit être porté à quatre cent, *ſeront*, dit-elle, *couchés*, *levés*, *vêtus*, *chauſſés*, *alimentés*, *gouvernés de toutes choſes à ce néceſſaires*, *introduits & appris à école & métier*, *les filles mariées*, *le tout gratuitement pour ces enfans*, *& aux frais de l'Hôpital*; & cependant la réunion du Saint-Eſprit avec l'Hôpital-général n'eſt faite que pour les fonds; la Maiſon eſt toujours ſéparée. Les enfans, au nombre de cent vingt ſeulement des deux ſexes, ſont ſoignés par vingt-neuf perſonnes, & l'on exige pour leur admission une ſomme de deux cent quarante livres, ſur laquelle on paie leur apprentiſſage. Cette ſomme, placée depuis deux ans, au Mont-de-Piété, jointe aux petites ſucceſſions qui peuvent leur revenir, compoſe leur avoir dont il leur eſt fait décompte à l'âge de vingt-cinq ans, ou plus tôt, s'ils ſe marient. On y joint, pour les garçons, la part des rétributions accordées pour le tirage des loteries, & pour les filles, leur part à un legs fait par le dernier Miniſtre de la Maiſon, pour leur être donné dans la première année de leur apprentiſſage. Si ces enfans meurent dans la Maiſon, l'Hôpital hérite de tout cet avoir. On ignore, dans l'Adminiſtration même de l'Hôpital-général, les motifs de cette dérogation aux clauſes expreſſes de la fondation & de la réunion.

On aſſure que Paris ne peut fournir le nombre de quatre cents enfans orphelins de père & mère, & que pour compléter le nombre de cent vingt, dont eſt composée la Maiſon, il faut quelquefois admettre par néceſſité des enfans ſeulement orphelins de père ou de mère : mais alors pourquoi exiger une miſe de deux cent quarante livres, qui exclut entièrement les vrais pauvres, puiſqu'elle eſt la condition néceſſaire de l'admiſſion ? pourquoi, contre le vœu exprimé de la Fondation, faire ſupporter à ces enfans la dépenſe de leur apprentiſſage, enfin charger l'Adminiſtration de frais conſidérables dont l'Edit de réunion avoit prétendu la débarraſſer. Des Réglemens d'Adminiſtration, ſans autre titre, ont opéré toutes ces graves altérations : au moins ſi en exigeant cette miſe première de deux cent quarante livres, ils euſſent eu en vue le bien-être futur de ces enfans ; ſi en les défrayant de tout, juſqu'à la ſortie de leur apprentiſſage, ils faiſoient, à leur avantage, accroître cette ſomme de la cumulation des intérêts, ils contribueroient ainſi à leur établiſſement, aſſureroient le bonheur & la bonne conduite de leur vie ultérieure. Cette miſe, & les autres revenans-bons de ces enfans, ainſi conduits, porteroient, de calcul fait, leur avoir à mille ſept cent quatre-vingt-dix-neuf livres pour les garçons, à onze cent cinquante livres pour les filles à l'âge de vingt-cinq ans, ou à onze cent ſoixante-douze livres, & huit cent quatre-vingt-dix livres à celui de vingt : mais loin que cette ſi naturelle prévoyance ſoit pratiquée, ce n'eſt que depuis quatre ans que leurs miſes ſont placées au Mont-de-Piété, & les différentes dépenſes auxquelles elles fourniſſent, les réduiſent généralement à rien, au moment de leur décompte final.

Nous dirons de cet établiſſement ce qui a été dit des autres, deſtinés, comme lui, à aſſiſter les enfans, & dont nous avons déja rendu compte. Les enfans apprennent la Religion, à lire, écrire, l'arithmétique, un peu de deſſein, & le plain-chant; cette dernière partie de l'éducation eſt celle qui occupe le plus les petits garçons, & dont ils font plus d'uſage, car preſque toute leur matinée eſt employée à ſervir des meſſes & à chanter des offices. Des fondations ſans nombre, & la dévotion de beaucoup d'habitans de Paris, particulièrement affectée à l'Egliſe du Saint-Eſprit, y font dire beaucoup de meſſes que les enfans ont ſeuls le privilége de ſervir ; leur habillement en ſoutane rappelle le temps où l'eſpoir de leur éducation étoit la tonſure. Les petites filles apprennent à travailler; jadis la Maiſon les marioit, les titres anciens prouvent même que leur bonne éducation les faiſoit rechercher par de bons ouvriers de Paris, & qu'elles étoient d'excellentes ménagères : à préſent elles ſe marient difficilement, ou ſe marient elles-mêmes. Depuis dix ans, ſur cinquante-deux qui ſont ſorties de la Maiſon, cinq ou ſix ſeulement ſont mariées ; il eſt vrai que l'eſpèce de Communauté libre, composée de douze ſœurs qui ſoignent cette Maiſon, eſt toujours renouvelée par ces enfans.

Les garçons & celles de ces filles qui ne reſtent pas à la Maiſon, ſont mis à ſeize ans en apprentiſſage. La Maiſon ignore ce qu'ils deviennent, & n'entend parler d'eux qu'à l'âge de vingt-cinq ans, où l'Econome leur rend le compte de leur minorité, & quand ils réclament quelques ſecours pris ſur leur avoir, & qu'encore une fois la fondation leur attribue ſur les fonds de l'Hôpital.

La même habitude d'inſouciance, la même éducation négligée ſe retrouve dans cette Maiſon ; mais comme le nombre des enfans y eſt moins conſidérable, qu'ils ſont plus ſurveillés, les inconvéniens ſont moins multipliés, & les mauvais réſultats dans une proportion moins grande.

La nourriture eſt beaucoup meilleure que dans aucun autre établiſſement de cette eſpèce, la Maiſon plus ſoignée & mieux tenue ; mais les mêmes réflexions que nous avons déja faites toutes les fois que nous avons parlé des ſoins donnés aux enfans dans Paris, ſe renouvellent ici. Les amis de l'humanité ne penſent jamais, ſans une profonde peine, que le ſyſtême de cette éducation charitable, que les opinions & les idées de ceux qui la dirigent, n'aient pas, depuis la fondation de toutes ces Maiſons, fait les moindres progrès, & qu'ainſi l'Etat continue d'élever à grands frais des ſujets dont le plus grand nombre doit troubler l'ordre public, tandis qu'il ſeroit facile d'en faire des Citoyens laborieux, utiles & heureux.

La comptabilité des détails de l'Hôpital du Saint-Eſprit eſt régie par un Econome, qui eſt à-la-fois Chef de la comptabilité de l'Hôpital-général : elle eſt montée comme celle des autres Maiſons.

Les Commiſſaires de la ville, chargés depuis un an de ſurveillance des Hôpitaux, eſtiment que la totalité de la dépenſe de la Maiſon du Saint-Eſprit, qui conſiſte en ſervice de l'Egliſe, acquit des meſſes, traitement des Eccléſiaſtiques, des Sœurs, Maîtres, Sous-Maîtres & autres employés, dépenſes de bouche, d'habillement, d'entretien, de ſervice & ameublement de l'Hôpital, s'élève à cent mille livres, ce qui porte à près de huit cent livres par année les frais occaſionnés par chaque enfant élevé dans cet Hôpital. Si, comme il y a lieu de le croire, ce calcul eſt réel, cette dépenſe eſt bien conſidérable pour former des ouvriers toujours communs, ſouvent mauvais, & quelquefois ſujets dangereux.

MAISON DE BICÊTRE.

La Maiſon de Bicêtre renferme des pauvres reçus gratuitement, des pauvres payant penſions (& l'on diſtingue quatre claſſes différentes de penſions), des hommes, des enfans épileptiques, écrouelleux, paralytiques, des inſenſés, des hommes renfermés par ordre du Roi, par

Arrêts du Parlement, & ceux-là encore sont avec & sans pensions; des enfans arrêtés par ordre de la police, ou condamnés pour vol ou autre délit, des enfans sans vice & sans maladie, & admis gratuitement : enfin, des hommes & des femmes traités du mal vénérien.

Ainsi cette Maison est à-la-fois Hospice, Hôtel-Dieu, Pensionnat, Hôpital, Maison de force & de correction.

La totalité des individus vivans dans la Maison s'élevoit le cinq Mai à trois mille huit cent soixante-quatorze, dont sept cent soixante-neuf employés pour le service; parmi lesquels, à la vérité, sont quatre cent trente-cinq pauvres qui reçoivent une augmentation de nourriture, & une petite somme de quatre livres par mois.

Sept emplois font la division de l'Administration de la Maison.

Un Gouverneur supérieur est attaché à chacun de ces emplois, & a sous lui autant de Sous-Gouverneurs qu'il y a de classes différentes dans l'emploi. Ces emplois sont plutôt une division de localité qu'une division par classe, ou de maladies à guérir, ou de malheurs à soulager. Ainsi, sous la même division, se trouvent à-la-fois des pauvres valides & des pauvres infirmes, des pauvres qui ont payé pour avoir un lit, d'autres qui partagent un lit avec un, deux ou trois autres, des pensionnaires, des pauvres gratuitement assistés, des malades & des hommes en santé.

Cette division, qui nous a semblé mauvaise, a pour cause ou prétexte les localités, &, plus que tout, l'habitude ancienne.

Les Gouverneurs ſont ſous la direction de l'Econome de la Maiſon, & celui-ci des Adminiſtrateurs dont nous avons parlé; mais comme ces derniers ont à partager leur inſpection & leurs ſoins entre pluſieurs Maiſons, il eſt facile de ſentir que l'Adminiſtrateur véritable eſt de fait l'homme qui ayant leur confiance, eſt chargé de tous les détails & a la connoiſſance journalière des intérêts de la Maiſon & de tout ce qui la compoſe. Une Supérieure partage avec lui le Gouvernement de la Maiſon. elle régit ſoixante femmes, qui ſont chargées ſous elle de la police des dortoirs, du ſoin de la cuiſine, de la lingerie. La Supérieure eſt cependant, pour ſes comptes, ſubordonnée à l'Econome.

La claſſe la plus nombreuſe de cette Maiſon eſt celle des pauvres admis en vertu de l'Edit de 1656, portant fondation de l'Hôpital-général, & qui exige comme condition eſſentielle d'admiſſion, qu'ils aient plus de ſoixante ans, ou qu'ils ſoient infirmes: cette claſſe eſt appelée celle des *bons pauvres*. Aſſurément un grand nombre d'eux ne rempliſſent pas ſtrictement les conditions exigées.

Nous en avons interrogé pluſieurs moins âgés que l'Edit ne le preſcrit, & dont cependant les infirmités n'exiſtoient pas, ou n'étoient pas de nature à leur interdire le travail. Cet abus, très-funeſte ſans doute, puiſqu'il ôte à de plus malheureux des ſecours auxquels, avec un choix plus exact, ils auroient droit, eſt de tous le plus excuſable pour des Adminiſtrateurs. Le pauvre qui implore l'asyle de Bicêtre, eſt aſſez malheureux ſans doute pour toucher celui qui peut lui en accorder l'entrée, & qui n'ayant pas près de lui tous ceux dont les titres feroient plus urgens, a fous les yeux la misère de celui qui le follicite, & fe laiffe aller à la douceur de le fecourir. Il faut une humanité bien réfléchie pour réfifter à la fenfibilité du moment; celle-ci eft plus facile, & eft elle-même une des meilleures qualités dans ceux qui font propofés au foulagement des misères humaines.

Les pauvres font, comme nous l'avons dit, répandus indiftinctement dans tous les emplois; le penfionnaire eft mêlé avec celui qui ne paie point de penfion. La fomme donnée n'apporte de différence que fur la nourriture qui eft meilleure, & fur-tout plus abondante, felon que la penfion eft plus forte; il y en a depuis cent livres jufqu'a quatre cent L'admiffion à la Maifon de Bicêtre ne vaut que le droit de coucher quatre dans un lit: l'ancienneté, & fur-tout la préférence des Gouverneurs & Sœurs Officières, accordent le trifte privilège de coucher dans des dortoirs où les lits ne fe partagent qu'entre trois & deux; mais pour coucher feul, il faut acheter à la Maifon un lit qui fe paie cinquante écus, & dont la Maifon hérite à la mort du pauvre qui l'a acheté. Ce lit par conféquent fe vend plufieurs fois; on nous a même affuré que quand l'Adminiftration condamnoit un pauvre ayant payé lit, à paffer dans un dortoir où l'on couche quatre, ce qui eft une des punitions de la Maifon, & une des plus pénibles, le lit n'étoit pas rembourfé à l'homme ainfi puni. La vente des lits n'eft établie à Bicêtre que depuis environ feize ans, &

feulement par un Réglement du Bureau général, qui changeant ainfi l'efprit de la fondation, & pour le feul motif de l'augmentation des revenus, éloigne tous ceux qui n'ont pas quelque reffource ou quelque protection de cette douceur, objet du defir de tous les pauvres de la Maifon. Les très-anciens employés obtiennent cependant un lit feul fans le payer.

Cette vente des lits n'eft pas le feul profit fait par l'Adminiftration de l'Hôpital fur les pauvres. Le même calcul fe retrouve fouvent, & n'eft pas non plus particulier à l'Hôpital-général. Il femble qu'il devroit être banni de toutes les Maifons deftinées à fecourir la misère. Que de moyens, que de prétextes ne donne-t-il pas aux murmures, au mécontentement & aux abus.

La régle d'admiffion trangreffée fouvent pour l'âge ou les infirmités, l'eft encore pour les conditions exigées de l'indigence abfolue; d'abord un penfionnaire de trois cents livres, de quatre cents livres, peut fans doute vivre ailleurs qu'à Bicêtre, où tant d'autres fans reffources ne peuvent arriver; ils ne devroient donc pas y être admis; & dans ce nombre encore, il eft des hommes qui jouiffent d'un revenu fort au-deffus de leur penfion. La penfion vaut, comme nous l'avons dit, une plus abondante nourriture au penfionnaire, mais cette nourriture lui eft fervie auprès de celui qui, ne payant rien, eft plus mal nourri : il eft facile de concevoir combien cette diftinction humilie & peut aigrir celui qui fe trouve plus mal traité. Elle eft réellement contraire à tout véritable efprit de bienfaifance, puifque la consolation & la bonté sont les conditions premières de tous secours à donner aux malheureux. Cette réforme des pensionnaires seroit une des plus instantes opérations à faire. Que les Hôpitaux soient ouverts à ceux qui ont un revenu évidemment insuffisant pour vivre, rien n'est plus desirable; mais qu'en affligeant les vrais pauvres par cette cruelle comparaison, ces hommes un peu moins misérables fassent encore le mal, ou d'usurper la place de malheureux sans ressource, qui y seroient admis, ou d'encombrer les Salles d'un plus grand nombre d'hommes qu'elles n'en devroient contenir, voilà ce qu'une bonne Administration ne devroit pas souffrir, & ce que les anciens usages & une longue habitude ne peuvent absolument justifier.

On a peine encore à concevoir qu'une Maison aussi considérable n'ait aucun moyen de soigner ses malades: à quelques Infirmeries près pour les Gouverneurs, Gouvernantes & employés, il n'est aucune ressource pour les malades; les fous & les prisonniers sont aussi traités dans des Salles destinées à les recevoir, mais seulement parce que la Maison répond d'eux. Tout ce qui n'est que pauvre, est, dès qu'il est malade, porté à l'Hôtel-Dieu; la rigueur des saisons, leur intempérie, le caractère de la maladie, rien ne trouve grace contre la régle de la Maison, qui veut que ces malheureux soient voiturés à l'Hôtel-Dieu, entassés dans un tombereau non suspendu, ou, s'ils sont dans le cas le plus grave de maladie, portés à bras sur des brancards découverts, couchés sur une simple toile, & confiés ainsi à des vieillards de la Maiſon, que leur manque de force oblige de s'arrêter ſans ceſſe dans le trajet qui n'eſt pas moins long qu'une lieue ; auſſi aſſure-t-on que le nombre de ceux qui meurent en chemin eſt très-grand : cet uſage barbare n'a pu encore être motivé que par ſon ancienneté même, ce qui rappelle cette terrible vérité, que dans les établiſſemens inſtitués pour le ſecours des malheureux, il ſuffit d'avoir une fois violé l'humanité pour affoiblir & uſer la compaſſion naturelle.

Le Gouvernement a ſenti toute l'horreur de cet uſage ; par un Arrêt du Conſeil de 1781, il a ordonné qu'il ſeroit conſtruit dans chaque Maiſon de l'Hôpital-général une Infirmerie ſuffiſante pour recevoir tous les malades; mais les Adminiſtrateurs n'ont pas cru pouvoir commencer à-la-fois les Infirmeries dans toutes les Maiſons ; le tour de Bicêtre n'eſt pas encore venu, & cet uſage qui révolte tous ceux qui le connoiſſent, dont les Adminiſtrateurs gémiſſent les premiers, eſt cependant toujours maintenu.

Il ſemble qu'une réviſion exacte de tous les hommes admis à Bicêtre, comme pauvres, eût donné aſſez de places pour recevoir les malades; il ſemble que l'humanité ſeroit mieux ſervie en diminuant le nombre de ceux que ces Maiſons aſſiſtent, pour pouvoir les traiter tous dans l'état de maladie ; il ſemble enfin que la Maiſon pourroit, pour remplir ce devoir d'humanité, ſe débarraſſer d'un aſſez grand nombre de claſſes dont ſon Edit de création ne preſcrivoit pas l'admiſſion ; car peut-on réellement appeler Maiſon de charité, de ſecours, de bienfaisance, un établissement qui augmente à un aussi haut point la chance des mortalités.

L'épilepsie, les humeurs froides, la paralysie donnent entrée dans la Maison de Bicêtre ; mais ces maladies sont alors considérées comme infirmités incurables, & leur guérison n'est tentée par aucun remède, quelque peu invétérée que soit la maladie, & quelque soit l'âge du malade. Ainsi un enfant de dix à douze ans, admis dans cette Maison, souvent pour des convulsions nerveuses qui sont réputées épileptiques, prend, au milieu des véritables épileptiques, la maladie qu'il n'a pas, & n'a, dans la longue carrière dont son âge lui offre la perspective, d'autre espoir de guérison que les efforts rarement complets de la nature. Ces efforts salutaires, si peu communs dans cette espèce de maladie, sont encore contrariés à Bicêtre par le local des salles qui leur sont destinées : elles sont toutes étroites, basses, une entr'autres est sous le toit & reçoit la chaleur du soleil au travers des tuiles qui la leur communiquent d'une manière dangereuse pour la maladie dont ils sont atteints ; enfin, dans ces salles où les malades de tout âge sont confondus, où même on voit des hommes non attaqués de cette maladie, on en voit encore, comme dans tous les emplois de cet établissement, que leur santé, leur âge & leur peu de misère, devroient exclure de cette Maison. Ces malades, confiés aux soins de deux seuls Gardiens, sont plus véritablement abandonnés à eux-mêmes, ou aux soins de leur camarade, dans le moment de leurs crises ; aussi arrive-t-il fréquemment des accidens graves par les coups qu'ils se donnent.

Les enfans scrophuleux, dartreux, taigneux, imbécilles, sont aussi confondus dans les mêmes salles, quoiqu'il y en ait plusieurs destinées à ces genres d'infirmités, & trois de ces enfans couchent ensemble dans deux petits lits joints à cet effet : ainsi, indépendamment de l'incommodité momentanée pour ceux qui souffrent davantage, d'être sans cesse interrompus par le mouvement & le bruit des moins souffrans, il se fait une communication continuelle des maux de toute espèce dont ils sont attaqués, & chacun a nécessairement bientôt ceux de tous. Si une maladie vive se joint à ces maux habituels, ces enfans sont portés à l'Hôtel-Dieu, comme tout ce qui dans cette Maison, n'est pas premier employé, prisonnier ou fou.

Nous ne pouvons trop le répéter, le long usage de cette pratique, vraiment indigne d'une Maison qui a pour but de secourir & de soulager l'humanité, étourdit les Administrateurs sur les funestes inconvéniens qui en résultent, inconvéniens qu'ils reconnoissent sans doute, mais dont le peu d'espace de la Maison, les raisons de dépenses, & tous les obstacles si communs opposés aux innovations, éloignent toujours la réforme ; il en est peu cependant de plus nécessaires à détruire promptement, & nous sommes assurés qu'ils le feront des premiers quand on s'occupera d'en supprimer quelques-uns.

Les fous sont à Bicêtre comme les épileptiques & les écrouelleux, jugés incurables dès qu'ils arrivent dans la Maison ; ils n'y reçoivent aucun traitement. Ils paroissent généralement conduits avec douceur. Le quartier qui leur est destiné contient cent soixante-dix-huit loges, & un pavillon à deux étages, où ils couchent seuls, à trois lits près communs à deux. La grande quantité de malades dont cet établissement est encombré oblige quelquefois de les mettre deux dans une même loge, ce qui, comme on le juge facilement, occasionne alors des querelles fréquentes, & la nécessité de les séparer : un Gouverneur & treize employés servent ce département. Les fous sont toutes les nuits renfermés dans leurs loges ou dans les salles, mais ils ont toute la journée la liberté des cours quand ils ne sont pas furieux. Le nombre de ceux-ci est peu considérable, il varie selon les saisons ; dix seulement étoient enchaînés parmi les deux cent soixante-dix individus enfermés le jour de notre visite ; il est vrai que dans ce nombre cinquante-deux ne sont pas fous. On aura peine à croire que le peu de respect pour l'humanité malheureuse & souffrante aille jusqu'à réunir des hommes qui ont l'usage de leur raison avec ceux qui l'ont perdue : de ce nombre sont dix-huit épileptiques & trente-deux hommes arrêtés par ordre du Roi pour inconduite, prévention de crime, pour toute cause enfin qui, juste ou non, ne devoit pas faire placer ces malheureux parmi les fous. Sur l'observation que nous en avons faite aux Administrateurs, ils nous ont répondu que ces hommes étoient mieux là, qu'ils ne seroient les uns aux salles des épileptiques & infirmes, les autres aux salles de force ; qu'ils y jouissoient d'une sorte de liberté, de douceur, qu'ils n'auroient pas dans le lieu qui naturellement leur est destiné ; enfin, on a voulu nous prouver que c'étoit pour un meilleur traitement, & par préférence, qu'ils étoient ainſi placés; & cependant une des punitions infligées aux épileptiques & autres infirmes des ſalles, même aux bons pauvres, eſt de les mettre parmi les fous : cette inſouciance eſt bien éloignée de la piété éclairée & ſoigneuſe pour le malheur par laquelle il reçoit tous les adouciſſemens, toutes les conſolations poſſibles, & s'il eſt vrai qu'elle ne puiſſe pas être écoutée dans de grands établiſſemens de charité, il faut alors les faire moins conſidérables, en multiplier le nombre ; car peut-on jamais, en voulant ſecourir la misère, conſentir à paroître dégrader l'humanité. Malgré la nullité de traitement pour les fous, & la réunion de différentes eſpèces de cette maladie, on nous a aſſuré qu'une cinquantaine environ par année, recouvrent la raiſon, & dans ce nombre deux tiers au moins de ceux qui ont été traités à l'Hôtel-Dieu ; ils ſont alors mis en liberté.

Le Gouverneur & les employés de ce département nous ont dit que rien n'étoit plus rare que de voir les fous devenir épileptiques, les épileptiques devenir fous & les hommes ſains gagner aucune de ces maladies ; mais nous avons cru cette aſſertion, qui choque toutes les lumières de l'expérience, plutôt l'excuſe d'un mauvais uſage, qu'une vérité à laquelle il falloit néceſſairement ajouter foi.

Les cours ſont très-aérées, & ſi les loges n'étoient pas au-deſſous du niveau du terrain, & par conſéquent humides, elles ne ſeroient pas mauvaiſes pour un homme ſeul ; on y reprocheroit cependant toujours l'inconvénient d'être ſous le toit, & de ne pas préſenter aux eaux un écoulement qui les en écarte.

La Maiſon de force contient des ſalles, des cabanons, des infirmeries, des cachots anciens & nouveaux.

Les hommes détenus dans cette Maiſon, au nombre de quatre cent vingt-deux, à l'époque de notre viſite, le ſont, ou par ordre du Roi, c'eſt-à-dire pour inconduite, plus ou moins grave, ſelon la facilité des Miniſtres qui avoient ce département, ou par Arrêt du Parlement & pour commutation de peine, ou par Sentence de la Prévôté.

Les ſalles ſont deſtinées au commun des détenus, ils y ſont en plus ou moins grand nombre, & n'en ſortent jamais. Là, l'homme invétéré dans le vice eſt réuni avec celui pour qui la détention dans cette Maiſon eſt la punition de ſa première faute. Ainſi ce lieu de correction en eſt un de corruption néceſſaire pour le jeune homme qu'un inſtant a égaré. Enhardi par le récit des crimes, il ſort criminel d'un lieu où il n'étoit entré que foible, & digne d'une protection ſévère contre lui-même. C'eſt cependant de la correction d'une première faute qu'une ſage Adminiſtration doit attendre le repentir & l'amendement. Quel profitable uſage pour les mœurs & l'ordre public ne pourroit-on pas faire de la retraite abſolue, par laquelle un homme coupable, auquel il ſeroit donné des moyens de travail, ſeroit laiſſé quelques temps à ſes remords & à ſes réflexions, & dont il ſeroit doucement tiré par de ſages conſeils,

par

par des converſations utiles, par l'apparence de l'intérêt pour ſa ſituation & ſes malheurs. Tous ces ménagemens, tous ces ſoins eſſentiellement recommandés par la morale & l'humanité, ſont le devoir ſtrict d'un bon Gouvernement : ſans doute on ne devoit pas s'attendre de les rencontrer dans les Maiſons de force, qui juſqu'ici n'ont été regardées en France que comme des geoles ; mais peut-être auſſi pouvoit-on eſpérer ne pas les y voir ſi cruellement méconnus : l'uſage & le défaut de place, voilà, dans ce lieu, les excuſes de tous les abus.

Cette incurie eſt peut-être plus choquante encore dans l'emploi deſtiné à recevoir les enfans jugés criminels par Arrêts du Parlement, & condamnés à tenir priſon au moins juſqu'à leur majorité. Nul moyen ſalutaire n'eſt employé pour les rendre meilleurs, & au milieu d'eux ſe trouvent des enfans reçus dans la Maiſon, dont on ne veut que punir la déſobéiſſance ou réprimer l'étourderie. Enfin, nous y avons vu cinq à ſix enfans qui, envoyés de la Pitié à Bicêtre pour y être traités de la gale, avoient été mis depuis leur guériſon dans ces dortoirs, comme en un lieu de dépôt, d'où l'on ſe propoſoit ſans doute de les tirer bientôt, mais où probablement ils euſſent reſtés quelque temps encore, ſans l'horreur que nous en avons témoigné, & qui leur a valu leur ſortie ſur-le-champ.

Mais c'eſt dans les Infirmeries de la Force que ce pernicieux & barbare abus eſt porté au plus haut point. Comme elles ſont deſtinées aux fous ou aux renfermés comme tels, aux priſonniers de Bicêtre, aux enfans de la correction, aux prisonniers envoyés du Châtelet, tous les âges sont réunis, le criminel & le malheureux, l'homme sans raison & l'homme sain d'esprit; enfin, celui que la pitié a sauvé de la corde, qui a vieilli dans le crime; & le malheureux enfant, coupable à peine d'une légère faute. C'est-là que ces misérables tiennent école de vices & de crimes, & corrompent de toutes les manières ces infortunés enfans qui présentoient tant de moyens d'être remis dans le chemin de la probité & de l'honneur, & à qui celui du désordre reste seul ouvert. On ne peut s'arrêter long-temps sur les sentimens de peine & d'horreur qu'inspire une si funeste insouciance, toujours & éternellement motivée par l'habitude, raison de tous les abus.

Pensons avec douceur qu'elle va disparoître devant une humanité plus éclairée, plus morale, plus politique, & que le souvenir de ces pratiques atroces servira, comme tant d'autres, à honorer l'époque d'où datera le redressement de tant d'injures, & le soulagement de tant de malheurs.

Revenons aux prisonniers : ceux qui ne sont pas enfermés dans des salles communes, le sont dans des cabanons ; mais ce sont plus communément ceux qui paient pension, ceux qui sont recommandés, ou enfin ceux qui jadis employés dans l'espionage de Paris, à présent détenus eux-mêmes pour leur compte, seroient exposés au ressentiment de leurs nouveaux camarades, dont ils pourroient bien avoir provoqué la détention dans leur ancien métier : l'expérience a prouvé qu'il y alloit de leurs jours de les laiſſer dans les ſalles communes. Ces cabanons ſont des chambres particulières, de huit pieds en quarré chacune, bien éclairées, bien aérées, garnies d'un lit, d'une chaiſe & d'une table; elles ſont à chaque étage d'un bâtiment qui en contient trois, ſéparées par un large corridor : il exiſte un quatrième rang, plus enfoncé, par conſéquent plus iſolé, plus obſcur & plus mal ſain que les autres, qui ſert habituellement de priſon aux priſonniers, & qui étoit auſſi employé comme cabanons ordinaires, quand il y avoit foule. Les priſonniers des cabanons ne ſortent jamais de leur priſon, ils converſent enſemble par leurs fenêtres ou par leur guichet qui eſt ouvert deux heures par jour : ils peuvent, avec l'approbation de l'Econome, travailler au poli des glaces, ou à tourner le puits; mais le nombre des travailleurs eſt borné, & les prétendans doivent attendre leur tour. Le premier de ces ouvrages, plus dur que l'autre, ne peut guères valoir que cinq à ſix ſols par jour à ceux qui travaillent bien, tandis que le travail du puits leur en produit neuf ou dix. Les ouvriers du poli des glaces ne ſont admis au travail du puits que ſucceſſivement, & lorſqu'il y a place : ce genre de travail vient récemment encore d'être ôté aux priſonniers, pour être donné aux bons pauvres; la tentative d'une révolte parmi les priſonniers qui travailloient, en a été la cauſe. Le travail des glaces eſt auſſi preſque nul aujourd'hui; ainſi voilà les priſonniers abſolument ſans occupation. Ceux que l'horreur des récits, des propos, des conſeils de leurs camarades, pourroit engager à fuir les ſalles communes, pour échapper à leur contagion, sont forcés d'y demeurer. Et que peut-on espérer d'hommes criminels, que l'on achève de corrompre par l'oisiveté, à qui l'on ne donne que la facile possibilité de tramer des complots pour l'avenir, de cimenter la vraisemblance des succès de leurs coupables projets, par l'expérience de tous les crimes dont ils sont environnés, & qui, renvoyés plus ou moins tôt de ces prisons, n'apportènt plus dans la société d'autres moyens de subsister que l'exécution des crimes qu'ils ont si profondément médités? la punition & la sûreté du moment, voilà, on le répéte, quelles sont les seules vues que l'on se soit jusqu'ici proposé en France dans la détention des coupables. L'espoir de leur correction n'est jamais entré dans le calcul; aussi peut-on dire, dans la plus exacte vérité, de ces prisons, ce que nous avons dit des salles où sont entassés tous les genres de maladies & d'infirmités: celui qui n'y arrive que coupable d'une faute, en sort infecté de tous les vices, & avec la profonde empreinte de tous les crimes. La punition des prisonniers est le plus communément un retranchement de nourriture, c'est aussi la punition commune de la Maison: on les met encore dans une espèce d'armoire, extrèmement basse, connue dans la Maison sous le nom de *Malaise*, & où les plus petits hommes ne peuvent rester debout.

On faisoit jadis un grand usage de cachots: nous en avons vu huit placés sous la Chapelle, à quinze pieds sous terre, resserrés dans une espace de trois pieds sur cinq, & ne recevant d'air que par des trous percés en *zigzag*, & prolongés dans une profondeur oblique de vingt pieds. On ne peut entendre ſans la dernière horreur que des hommes déja privés de leur liberté, ou pour leur vie, ou pour un long terme, étoient, à la volonté du Gouverneur ou de l'Econome, jetés dans ces cachots, chargés de chaînes, & oubliés pendant des mois & des années entières. On en nomme pluſieurs qui y ont paſſé douze à quinze ans : un nommé Duchatelet, compagnon de Cartouche, & qui, pour l'avoir décélé, a obtenu grace de la vie, y en a paſſé trente-ſept : jadis on y a enfermé des femmes; il y a trois mois que cet horrible abyme étoit encore habité. Se peut-il qu'une pareille inhumanité ſe ſoit encore exercée de nos jours? graces au Ciel & à la Révolution, elle ne ſe renouvellera plus.

Nous avons même la conſolation d'annoncer que le Roi, récemment inſtruit de l'exiſtence de ces abymes affreux, a ordonné de les combler, & a voulu que cette dépenſe fût faite par lui, d'où il réſulte trois vérités ſatisfaiſantes, la deſtruction abſolue de ces cachots, une preuve nouvelle de la juſtice & de l'humanité perſonnelle du Roi; enfin, une nouvelle certitude que le mal fait en ſon nom n'étoit pas à ſa connoiſſance, & que ceux qui, par méchanceté ou par engourdiſſement, autoriſoient ou toléroient ces vexations, ne pouvoient y parvenir qu'en les dérobant aux yeux du Roi.

On a pratiqué, depuis trois ou quatre ans, dans une partie des bâtimens de la Force, huit cachots nouveaux, qui paroiſſent réunir à la ſûreté déſirable pour ces sortes de lieux, toute la salubrité dont ils sont susceptibles : il faut espérer que la grande dépense que leur construction a occasionnée sera entièrement perdue, & que même les geoliers reconnoîtront bientôt, que si la société a le droit de priver de la liberté pour la vie un de ses membres dont elle juge la communication dangereuse, elle n'a pas celui de rendre cette captivité atroce, & d'étendre sa sévérité au-delà de la sûreté. Peut-être aussi, est-il permis d'espérer qu'à l'avenir une législation plus réfléchie prescrira pour ceux des Citoyens que la société devra rejeter de son sein, une correction plus salutaire, plus propre à mettre à profit la réflexion du repentir, plus utile à l'ordre public, plus adaptée enfin aux droits & aux besoins de l'homme, que la triste demeure où l'on enchaîne à jamais toutes ses facultés.

Les bâtimens de la Force renferment encore, comme nous l'avons dit, plusieurs salles d'Infirmeries, dans lesquelles on ne traite que les maladies des prisonniers & des fous. Les différentes prisons de Paris y envoient aussi leurs malades. Les maladies vénériennes & la gale sont celles qui y abondent le plus. Les malades couchent trois dans deux lits; leur grand nombre oblige souvent de mettre des brancards au milieu de ces salles extrêmement petites & peu aérées : le défaut d'eau prive ces malades de l'usage des bains : quand ils sont guéris ou manqués, ils sont renvoyés dans leur salle ou réclamés par les prisons de Paris, s'ils ne sont pas de la Maison. Rien ne présente un aspect plus hideux que toutes ces salles de traitement où règnent la mal-propreté, le défordre, les vices en pratique, & les crimes en prédication.

Indépendamment de ces Infirmeries, la Maifon en contient encore dans un de fes bâtimens deux pour les vénériens, hommes & femmes, qui, n'étant pas détenus dans la Maifon, préfentent un certificat des Chirurgiens de l'Hôtel-Dieu, & fe font enrégiftrer pour attendre leur tour de traitement : cinquante-quatre femmes & cinquante-fix hommes font traités dans le même temps. Le traitement dure à peu-près deux mois, tant pour le foin des malades que pour le nétoiement des falles; ainfi il y a environ fix cent foixante malades vénériens annuellement traités. Quoique fix cent foixante malades foient feulement traités, il s'en préfente dix-huit ou dix-neuf cents pour l'être, & le nombre des infcrits feroit plus grand fi l'attente du traitement étoit moins longue. L'ancienneté de leur infcription, la gravité & l'urgence de leur mal doivent leur fervir de titre pour obtenir le traitement; on fent facilement que la faveur en eft un plus fûr, auffi voit-on des malades infcrits depuis plufieurs années fans avoir été appelés au traitement, & même depuis plus d'un an admis dans la Maifon pour attendre leur tour, fans qu'il foit encore venu.

Car il y a dans les mêmes bâtimens plufieurs falles *d'expectans* pour les hommes & pour les femmes. Là, vingt ou vingt-cinq lits fervent quelquefois à deux cents perfonnes : quatre y couchent à-la-fois, tandis que quatre autres, étendus par terre, attendent leur tour pour les remplacer; & ces hommes ou femmes, ainfi entaffés, ſont déja ſi grièvement malades, qu'ils portent preſque tous des plaies qui demandent des traitemens proviſoires juſqu'à ce que la maladie puiſſe être attaquée. Auſſi de quatre-vingt-dix perſonnes à peu-près, qui meurent annuellement parmi les vénériens, deux tiers ſuccombent dans la ſalle des expectans, moins encore de la maladie dont ils viennent chercher la guériſon, que de la contagion infecte de l'air qu'ils y reſpirent. Les fièvres putrides & la gangrène y ſont très-fréquentes.

Les ſalles de traitement, toutes petites, baſſes, mauvaiſes, ne le ſont cependant pas au même degré; la faveur qui accorde le traitement, indépendamment des titres d'ancienneté ou d'inſtance du mal, accorde auſſi la préférence des ſalles : mais on croira avec peine qu'aucun Infirmier ne ſoit chargé du ſoin des malades, le moins incommodé ſoigne les autres : le même défaut d'attention ſe porte, & ſur les linges & ſur les draps, & ſur tout le traitement de ces malheureux qui ſemble leur être fait par la plus froide inſouciance. Quelques malades nous ont fait entendre que ces ſoins, quelqu'inſuffiſans qu'ils fuſſent, n'étoient pas abſolument gratuits. Nous ne pouvons garantir la vérité de cette aſſertion, que nous ſommes diſpoſés à ne pas croire; car elle nous a été contredite, & par d'autres malades, & par les Chirurgiens : mais ſi jamais un abus de cette eſpèce pouvoit être excuſé, ce ſeroit pour ces Chirurgiens qui n'ont pour tout traitement qu'une nourriture inſuffiſante, qui ne reçoivent, ou point d'appointemens, ou des appointemens très-modiques, & qui cependant, dans la force de l'âge, écrasés de fatigues, passant la plus grande partie de leur temps dans cet air infect, éprouvent la nécessité de quelques dépenses. Si cet abus existe, la faute en est à l'Administration, qui s'en excuse toujours sur les anciens usages.

On traite aussi, dans ce pavillon, quelques étrangers de la gale; mais, par une sorte de prédilection, il existe un projet de traiter à l'avenir ces malades étrangers dans un établissement qui doit être formé aux Capucins de la rue Saint-Jacques. Des dépenses assez considérables ont même déja été faites, dans cette intention. Il paroît qu'elles sont suspendues; cependant il seroit bien pressant de débarrasser la Maison de Bicêtre de ce traitement, qui n'y a lieu que depuis environ cinquante ans, & toujours en vertu de Réglements particuliers, & qui tient une place qui pourroit être utilement occupée par une Infirmerie : au moins si cette Infirmerie ne contenoit pas tous les malades de Bicêtre, elle recevroit ceux à qui leur âge & la gravité de leur mal mériteroient cette preférence : quelques-uns au moins seroient arrachés à la vraisemblance de la mort; car indépendamment de quatre cents qui meurent, ou d'accidens ou de vieillesse, dans la Maison, ou de maladie dans les Infirmeries, un nombre au moins égal meurt à l'Hôtel-Dieu, ou dans les voitures & brancards qui les y conduisent.

Un Chirurgien gagnant Maîtrise, deux Compagnons & quatre Elèves, sont chargés de tous les malades de la Maison, de la visite des salles, du pansement des bleſſés. Il eſt vrai que l'établiſſement paie un Médecin & un Chirurgien en chef ; mais ceux-ci, chargés de preſque toutes les Maiſons de l'Hôpital-général, & de beaucoup de malades particuliers, viennent viſiter une fois par ſemaine chacune de ces Maiſons ; & leurs ſoins paſſagers ſe portent, ou ſur des maladies extraordinaires, ou ſur les incommodités des Sœurs & des Officiers. Nous nous interdiſons toute réflexion ſur cet inconcevable arrangement, qui, appliquant les plus forts ſalaires à ceux qui rendent le moins de ſervices, fait toujours les pauvres victimes de ſes funeſtes conſéquences.

Quoique la Pharmacie générale de l'Hôpital-général ſoit à la Salpêtrière, une très-grande eſt établie à Bicétre, pour les beſoins de la Maiſon. Il nous a ſemblé que ſon régime prêtoit bien des moyens aux Chirurgiens, s'ils en vouloient uſer, de ſe dédommager de la trop grande modicité de leur traitement.

La nourriture des pauvres eſt de quatre onces de viande, trois fois par ſemaine, de légumes ou de beurre, les autres jours, & d'une livre un quart de pain. Les penſions augmentent, comme nous l'avons dit, ces quantités. Un des plus fréquens ſujets de plaintes des pauvres, eſt que ſouvent pluſieurs dortoirs entiers n'ont pas de viande les jours où ils devroient en avoir ; parce que, leur dit-on, le calcul de la marmite a été mal fait. On ſent que quand la cuiſine des pauvres eſt commune avec celle des Employés de toute eſpèce, & que la règle de la Maiſon ne donne à ceux-ci qu'une livre de viande, les pauvres ſont portés à croire que leur portion retranchée augmente celle de leurs Supérieurs. La même méfiance produit les mêmes plaintes ſur le bouillon réputé par les pauvres le reſte délayé des premières tables.

On ſent facilement combien ces plaintes peuvent être injuſtes, mais on ſent auſſi combien elles devroient être prévenues par un ordre de choſes qui les rendît ſans vraiſemblance.

Le plus grand mal de cette Maiſon, le vice qui nous a le plus frappé parce qu'il porte ſur une plus grande maſſe d'hommes, & qu'il pourroit être facilement réparé, c'eſt le défaut de travail dans toutes les claſſes de la Maiſon. De l'aveu des Adminiſtrateurs & de l'Econome, une moitié au moins des bons pauvres pourroit être occupée, & une Adminiſtration éclairée les emploieroit tous ; car elle ſentiroit que le prix réſultant du travail eſt moins à conſidérer que l'avantage d'éloigner l'oiſiveté d'un tel établiſſement.

Les enfans de la correction, les enfans de chœur ne ſont eux-mêmes ni forcés ni encouragés au travail : jadis ils étoient occupés à faire des lacets, des lizières, mais comme la Maiſon n'en trouve pas de débouché, leur travail eſt depuis quelque temps ſuſpendu, & ils ſont laiſſés dans une entière inoccupation.

Ce vice, vraiment condamnable, peut le paroître plus encore, ſi l'on remarque que les Edits portant établiſſement de ces Hôpitaux, enjoignoient de faire travailler ceux qui y étoient réunis, & donnoient même toutes les facilités poſſibles pour le débit de la main-d'œuvre.

La promenade dans les cours, voilà le ſeul paſſe-temps de plus de deux mille cinq cents hommes, dont on pourroit rendre le travail extrêmement utile, & pour l'économie de la Maiſon, & pour leur propre avantage, même pour leur propre amuſement.

Quatre ou cinq marchands privilégiés de la Maiſon, & payant pour y tenir boutique, vendent bien cher à ces malheureux ce qu'ils peuvent payer; car il faut que leur petite finance ſe retrouve ſur le prix de leurs marchandiſes; un Marchand de vin & d'eau-de-vie, vend au profit de la Maiſon ces deux denrées dont il ſe fait un grand uſage, & dont l'oiſiveté augmente la conſommation.

Le profit de quarante-ſix mille liv. que fait l'adminiſtration ſur cette vente eſt-il légitime? Eſt-il permis à un établiſſement de charité d'aſſeoir ainſi un impôt ſur le malheureux, & de l'aſſurer par un privilége excluſif qu'il étend à volonté? Ne devroit-on pas écarter ſoigneuſement juſqu'à la poſſibilité des plaintes que de pareils trafics appèlent ſi juſtement? Que de maux ne doivent pas en réſulter dans une auſſi grande maiſon? Méfiance, murmure des ſubalternes, mécontentement envers les ſupérieurs; vengeance, duretés, mauvais traitement de ceux-ci, enfin malheur & injuſtice pour tous.

Indépendamment des ſept cent ſoixante-neuf employés qui, comme nous l'avons dit au commencement de ce rapport, font le ſervice de la maiſon, une garde uniquement aux ordres de l'économe eſt chargée de maintenir la police, de conduire les pauvres dans les priſons & les cachots, de veiller ſur les cabanons. Elle eſt compoſée de deux officiers, cinq ſergens, ſoixante & dix-huit ſoldats. Leur nourriture & entretien coûtent à l'adminiſtration environ trente-huit mille cinq cents livres, ajoutant ce nombre de gardes à celui des différens employés, on trouve que la totalité s'élève à huit cent cinquante-quatre, ce qui donne un employé pour un peu moins de pauvres ou détenus, & le total général de la dépenſe de la maiſon, nous fait porter celle des employés à deux cent trente & un mille deux cent ſoixante-cinq liv.

A ces détails nous ajouterons que le coup-d'œil général de la maiſon nous a préſenté une adminiſtration aſſez bien ordonnée, mais ſans ſoin, ſans bienfaiſance, ſans véritable principe d'humanité. Il eſt vrai que ces ſoins conſolateurs, & cette pitié compatiſſante ont juſqu'ici été peu exercés dans nos hôpitaux de France, & doivent l'être plus difficilement dans un établiſſement auſſi immenſe; mais il nous a ſemblé que les ſoins deſtinés aux infirmités & à l'indigence, pourroient être facilement rendus plus complets & plus utiles qu'ils ne le ſont à Bicêtre, ſans augmenter la dépenſe.

La maiſon de Scipion fournit tous les vivres de Bicêtre comme ceux de toutes les autres maiſons de l'Hôpital-général. Toutes les fournitures & habillemens ſont auſſi envoyés du magaſin commun.

Le compte de cette maiſon dont eſt chargé l'économe, eſt donc très-borné; il a été porté l'année dernière à cent deux mille liv., & la dépenſe à huit cent cinquante-ſix mille liv.; le bénéfice eſt verſé par lui dans les mains du receveur général des pauvres. Dans la recette, les ſommes réſultantes des penſions s'élèvent à trente-deux mille ſix-cent ſoixante-cinq liv. ; celles de la vente du vin & eau-de-vie à quarante-ſix mille liv., & celle des lits ſeuls à onze mille huit-cent ſoixante & dix liv.

Tels ſont les renſeignemens particuliers que nous avons pu prendre à Bicêtre. Les comptes des autres maiſons de l'Hôpital, ajouteront à tout ce que nous trouverons nous-mêmes d'inſuffiſant à celui de cette maiſon, & en completteront l'enſemble.

MAISON DE SAINTE-PÉLAGIE.

Nous devons encore vous rendre compte de Sainte-Pélagie. Cette maiſon dépendante en partie de l'administration générale des hôpitaux, parce qu'elle en reçoit en avances ſes denrées de comeſtibles, étoit & maiſon de force, & maiſon de retraite. Elle recevoit & enfermoit les filles & femmes débauchées d'après des ordres du Roi. Les Décrets de l'Aſſemblée lui ont ôté cette attribution, & la force n'exiſte plus. Cette maiſon eſt encore maiſon de retraite pour les filles & femmes repentantes. Elle ſert auſſi d'aſyle aux filles d'une certaine claſſe, qui, recommandées à la ſupérieure & connues d'elle, viennent y faire en ſecret leurs couches, & échappent ainſi à la honte & aux reproches publics. Elles y trouvent conſolation, bon traitement, ſecours néceſſaires, ſecret abſolu, & ſécurité complette. Ces aſyles devroient être multipliés dans Paris, & répandus dans les provinces. Que de réputation ils ſauveroient ! Que d'enfans en feroient confervés, & combien de filles feroient, par la confiance du myftère, ramenées à une bonne conduite, à qui aujourd'hui la publicité de leur malheur, ne laiffe d'autre partie que de fe jetter dans le vice.

Les religieufes qui conduifent cette maifon font de l'Ordre de Saint-Thomas de Villeneuve. Nous avons tous été frappés de leur ton honnête, décent & gai, elle femblent très-aimées dans leur maifon.

Les revenus de cette maifon confiftent en 4800 liv. de revenu fixe, & en celui de penfions, tant des perfonnes retirées dans cette maifon de refuge, que des penfionnaires logées dans l'enclos. Une éducation de jeunes filles entièrement féparées de la maifon de refuge, n'y ayant aucune communication, quoique gouvernée par les mêmes dames, aporte encore à la maffe commune, & augmente les revenus de la maifon.

MAISON DE LA SALPÊTRIÈRE.

La maifon de la Salpêtrière eft la plus confidérable des établiffemens qui dépendent de l'Hôpital-général, & même de tous les hôpitaux connus ; elle renfermoit au commencement de Juin fix mille fept cent quatre individus. A l'exception de quelques hommes qui vivent avec leurs femmes dans un quartier féparé fous le nom de *ménages* ; cet hôpital ne contient que des femmes : il réunit, dans la même enceinte, tous les âges de la vie, depuis la plus tendre enfance jufqu'à la caducité ; & les intermédiaires de ces deux termes font remplis par toutes les misères & les infirmités de la nature humaine.

La première réflexion qui se présente contre un établissement de cette nature est son étendue ; l'impossibilité d'une surveillance exacte y est démontrée, & la multiplicité des soins qu'il exigeroit y est impraticable.

Cette maison, ainsi que toutes celles de l'Hôpital-général, est divisée par emplois ; mais comme aucune règle n'a déterminé cette classification, nous croyons plus simple de suivre dans le compte que nous allons en rendre, la graduation des âges, & la division des infirmités.

Les enfans placés à la Salpêtrière sont, ou des enfans dont la pauvreté des parens est constatée, ou des enfans illégitimes. Ces deux classes ne sont admises que depuis un an jusqu'à douze. C'est de la maison des Enfans-trouvés de Paris que sont envoyés la plupart de ceux de la seconde classe, parce qu'elle ne garde pas les enfans qui y sont apportés, plus âgés que d'un an.

Quelques femmes pauvres, souvent quelques filles enceintes sont réunies dans un dortoir commun, en attendant qu'elles puissent aller faire leurs couches à l'Hôtel-Dieu. Elles y reviennent ensuite avec leurs enfans. Après le sevrage, l'enfant & la mère doivent sortir de la maison ; quelquefois elles y restent l'un & l'autre. Si c'est un abus, la misère qui le fait solliciter, & la pitié qui l'accorde, le rendent bien excusable. Cette classe de femmes nourrices est un des établissemens les plus utiles de la maison ; beaucoup de celles que l'extrême indigence force à y avoir recours, sans cette ressource, abandonneroient leurs enfans, augmenteroient le nombre de mères coupables, & d'enfans malheureux, tandis qu'ainsi secourues elles s'attachent à leurs enfans qu'elles nourrissent en ne les privant pas au moins de la douceur de connoître leurs parens.

La nourriture donnée aux nourrices est de la même nature que celle des autres pauvres, un peu plus considérable, & cependant insuffisante. Jusqu'à l'âge de sept ans, les enfans sortans des mains de leurs mères, ou simplement admis à la Salpêtrière, sont réunis dans un lieu commun appelé la *Crèche*. Les berceaux sans rideaux sont propres; les dortoirs sont passablement aérés, mais ils présentent l'inconvénient de rassembler trop d'enfans dans les mêmes lieux, & l'on sait de quelle conséquence il est que les premières années de l'enfance se passent dans un air libre & pur.

Si l'administration de l'Hôpital étoit aussi pénétrée de cette vérité qu'il seroit à desirer, elle appliqueroit à cet usage beaucoup d'emplacement dont elle peut disposer, ne fut-ce que celui des jardins.

En sortant de la *Crèche*, les enfans passent dans un bâtiment où ils sont occupés à émincer de la laine, ou à tricoter; quelques-uns couchent seuls, plusieurs couchent deux. Après leur sixième année, les garçons sont envoyés à la Pitié; les filles seules restent dans la maison. C'est dans les dortoirs destinés à recevoir ces enfans que l'on peut observer toute l'étendue de l'insouciance de l'administration, & les abus d'un régime meurtrier. Dans l'intérieur on reconnoîtra que le travail de la laine est le plus défavorable à la santé des enfans, la plupart ont de légères atteintes de scorbut, presque toutes ont la galle,

& font énervées avant d'acquérir de la force. Comment ces individus, foibles, fans prévoyance, ne gagneroient-elles pas la galle? Au-deffus de leur dortoir fe trouve placée une infirmerie où l'on traite des galleufes. On pourroit demander encore pourquoi traite-t-on la galle dans cette maifon, quand la communication eft entière entre les filles traitées, & celles qui ne le font pas; &, quand par une perpétuelle, mais néceffaire navette, les malades donnent la galle à celles qui ne l'ont pas, & celles-ci la leur rendent après leur guérifon? Auffi toute la maifon en eft-elle infectée. Jeunes, vieilles, malades & bien portantes, perfonne n'en eft exempt.

On ne fait, dans ces dortoirs, nul ufage de vinaigre, il n'y pas même de baignoires. Il fembleroit prefque que l'air, l'eau & la propreté feroient des moyens entièrement inconnus à la Salpêtrière.

Si l'on confidère enfuite qu'elle eft la pofition du bâtiment où font ces enfans, on le trouve placé près de l'égout de la maifon qui répand une odeur infecte dans les grandes pluies. L'amphithéâtre d'anatomie eft placé au-deffous des dortoirs, & l'air qui entre par les fenêtres eft imprégné de tous les miafmes putrides qu'exale la baffe-cour où l'on entretient habituellement foixante-quinze cochons mis en penfion au mois par des chaircutiers de Paris. Tous les germes de corruption & de maladie font raffemblés autour de ces enfans.

Telle eft la marche que l'on fuit à la Salpêtrière pour commencer les générations du peuple auquel les administrateurs n'auront à offrir un jour, pour unique patrimoine, que la force & la santé. En sortant de ces dortoirs les filles passent à un plus vaste. Elles y sont au nombre d'environ six cents; on leur apprend à travailler en linge, faire de la tapisserie, de la dentelle & à broder.

La nourriture de ces jeunes filles, âgées depuis dix ans jusqu'à vingt-cinq est non-seulement incomplette, si on a égard aux besoins de leur âge, mais elle est encore la plus mal saine que l'on puisse offrir à des estomacs débiles, à des enfans viciés par des maladies de peau, des affections de poitrine, & habituellement souffrantes par la gêne qu'elles éprouvent d'être assises huit heures par jour en travaillant sur des bancs sans dossiers.

Quand on se fait rendre compte par écrit du genre de nourriture des pauvres, on remarque la distinction de la soupe maigre, & de la soupe grasse, de la quantité de beurre, de fromage, de pois, de viande distribuée chaque semaine; mais nous nous sommes fait représenter ces alimens, & sans avoir égard aux plaintes qui nous ont été faites, nous les avons trouvés de mauvaise qualité, sans apprêt, sans cuisson, sans goût, & la preuve est sans replique; c'est que la plupart des enfans rejetent la soupe & ne la consomment pas.

Les pauvres qui peuvent dépenser deux liards, les donnent à une fille de service pour faire recuire & assaisonner leurs alimens, car dans ces maisons de charité, la charité n'est jamais gratuite. Celles qui ne peuvent pas faire cette dépense, énorme pour qui n'a rien, sont obligées de ſe contenter de ce qu'on leur donne, & elles éprouvent un tel beſoin, qu'elles ramaſſent dans les cours les débris d'oignons, de choux & de légumes qui ne leur ſont pas deſtinés ; delà naiſſent les affections ſcorbutiques, & les maux de bouche ſi fréquens dans cette maiſon. S'il eſt vrai de dire que le traitement dans une maiſon de charité ne doive pas être tel qu'il y appelle les fainéans, il eſt au moins auſſi vrai qu'il doit pourvoir à une ſuffiſante ſubſiſtance, qu'il doit fournir une nourriture ſaine, & que, de tous les âges de la vie, la jeuneſſe eſt celui qui exige les ſoins les plus complets.

Le travail tel qu'il eſt dirigé, nous a paru peu propre à en inſpirer le goût. Il eſt ſans récompenſe pour les enfans & les jeunes filles. On laiſſe, à ce que l'on nous a aſſuré, une partie du produit de ce travail entre les mains des officiers pour procurer quelque douceur à leur dortoir, mais cette diſtribution ſujette à un grand arbitraire, eſt encore impolitique, en ce qu'elle n'aiguillonne pas la prévoyance des ouvriers, & ne leur laiſſe pas la liberté de l'emploi du prix de leur travail. Encore ſi la maiſon plaçoit le produit du travail de ces enfans, ou même la partie qu'elle voudroit leur en attribuer, cette ſomme modique croiſſant juſqu'à l'âge de vingt-cinq ans, terme de la fin de leur éducation, pourroit leur ménager une utile reſſource. Des pruneaux, des légumes, un mouchoir plus fin, voilà les douceurs que leur travail leur procure. Ce régime de couvent ne ſemble pas fait pour des enfans deſtinés à ne rien poſſéder, & à vivre de leurs peines.

Le travail eſt à la tâche dans le plus grand nombre des ſalles de la maiſon, dans toutes celles où il n'eſt pas impoſé par punition, &, la tâche faite, les jeunes filles peuvent travailler pour leur compte; mais elle ſe fait lentement; le tems qui reſte eſt court, & il faut bien en donner à la diſſipation & au mouvement. Il ſeroit aiſé d'ôter à ce mode de travail ce qu'il préſente de ſervile, quand il eſt ſans récompenſe : en y proportionnant un léger ſacrifice d'argent, on augmenteroit le courage & l'eſpoir, & on en feroit ſupporter plus gaiement la contrainte. On nous a préſenté des ouvrages d'art & de goût dans la ſalle de broderie & de tapiſſerie; nulle récompenſe particulière n'eſt accordée aux plus habiles. Ainſi le ſyſtême de la maiſon tend à anéantir toute émulation dans ces ouvrières, quand la ſeule reſſource qu'elles puiſſent attendre de leur éducation, n'eſt que l'amour du travail. Les filles & femmes occupées par punition à la filature, les femmes priſonnières même, ne peuvent gagner au-delà de ſix à ſept liards par jour. Quand, d'après les comptes de la maiſon, on voit que ſur à-peu-près ſept mille individus, un ſixième ſeulement travaille utilement, & que le produit de ce travail n'eſt, année commune, que d'environ treize mille livres, on regrette que cette ſomme qui, bien diſtribuée aux ouvrières, pourroit leur être d'un ſi utile encouragement pour le reſte de leur vie, ne leur ſoit pas abandonnée.

Celles qui ne rempliſſent pas leur tâche ſont punies, en recevant la défenſe de ſortir, ſi elles ſont dans l'âge de profiter de cette faveur. On enferme les autres dans des dortoirs où les femmes les plus vieilles sont couchées à quatre, ainsi le châtiment d'une légère faute, expose & bien souvent corrompt d'une manière irremédiable la santé d'une jeune fille, qui, pendant un séjour plus ou moins prolongé dans un lieu infect, peut gagner des maladies cruelles, ou prendre le germe des plus affreuses infirmités. On nous a assuré que, pour des fautes sans doute plus graves, on renfermoit des filles dans des loges de folles furieuses, & qu'on les chargeoit de chaînes. En lisant ces faits isolés, qui croiroit qu'il est ici question de femmes & de maison de charité ?

Très-peu d'enfans apprennent à écrire puisque, sur plus de huit-cents filles, on n'en admet que vingt-quatre à ce genre d'instruction, tandis que les maîtresses enseignent des enfans du dehors qui payent leurs leçons. Une plus grande partie apprend à lire, mais l'éducation, à cet égard, très-imparfaite, dépend encore des préférences des officières, car on sait bien que dans un hôpital, les dispositions & les talens sont comptés pour rien, si l'on n'est pas protégé.

Les effets de la protection, & de la faveur se remarquent plus scandaleusement dans une certaine classe d'enfans que la prédilection dont elles jouissent fait appeler *bijoux*. Ce sont des enfans, ou de la maison ou de Paris, admises comme pauvres sans aucun des titres qui donnent l'entrée de l'Hôpital, & que les sœurs officières & autres prennent sous leur particulière protection. Beaucoup de ces enfans payent pension à la sœur qui en reçoit tant qu'il s'en présente, & tant que le permet l'indulgence de la ſupérieure. Une des ſœurs en a juſqu'à neuf. Ces enfans, mieux vêtues que les pauvres, ſont encore mieux nourries, plus ſoignées. Il s'établit une ſorte de rivalité de parure entre ces enfans pauvres & au milieu de la pauvreté. Quel contraſte & quel abus!

Leur nourriture qui devroit être celle des pauvres, puiſqu'elles ne ſont à la maiſon qu'à ce titre, eſt, comme on le ſent bien, choiſie ſur celle des premières tables. Le ſupplément néceſſaire eſt acheté des filles de cuiſine, des cuiſiniers, & des employés qui vendent leurs portions, & qui trouvent ſans doute le moyen de s'en dédommager; & nous dirons en paſſant que c'eſt un des grands abus de la maiſon, abus qui, comme on le voit, porte ſur toutes les claſſes de cet Hôpital.

Quant à celui de l'exiſtence de ces petites filles privilégiées, rien ne peut le juſtifier: il eſt immoral ſous tous les rapports. Si ces enfans d'adoption ſont pauvres, pourquoi ne ſont-elles pas traitées comme les pauvres? Si elles ne le ſont pas, pourquoi ſont-elles dans une maiſon de charité? Les ſœurs cependant les façonnent de longue main au genre d'éducation qu'elles croient néceſſaire aux places d'officières qu'elles leur deſtinent dans la ſuite, & qui jamais ne leur échappent. Ce genre d'éducation, peu ſoigné d'ailleurs, eſt toujours dirigé dans l'intention de perpétuer les préjugés & le ſyſtême d'arbitraire qui conſtitue le régime de la Salpétrière.

Revenons aux vrais pauvres. L'âge de vingt-cinq ans eſt, pour les filles élevées à la Salpêtrière, le dernier terme de leur éducation phyſique & morale. Parvenues à cet âge, celles qui ne sont pas réclamées par leurs parens, ou demandées par des personnes honnêtes qui veuillent bien s'en charger, ou qui n'ont ni le desir ni la possibilité de se placer au dehors, ne quittent pas la maison. Elles se classent au nombre des bons pauvres, si elles n'obtiennent pas un petit emploi. Le nombre de celles qui restent est très-considérable. L'incurie, la paresse qu'elles ont dû contracter pendant leur séjour à l'Hôpital, l'ignorance des conventions sociales, une sorte d'hébêtement dans lequel elles ont été élevées, souvent des infirmités les rendent incapables de la domesticité, seul état auquel cependant elles puissent prétendre. La plupart de celles qui sortent de la maison tournent très-mal, & quand elles ne se livrent pas à la débauche, elles sont renvoyées & rentrent à l'Hôpital. Enfin on aura peine à croire que quand les fondations de la maison donnent un trousseau & trois cent liv. aux filles qui se marient, il n'y en ait pas plus de deux (année commune) qui profitent de cet avantage.

C'est ainsi que la Salpêtrière dévore les générations qu'elle élève à grands frais, ou qu'elle recrute les classes fangeuses de la société.

La classe des bons pauvres est la plus considérable de la maison. Quelques genres de maladies sont séparés; mais si on excepte un petit nombre de grandes divisions, tous les âges, toutes les infirmités sont confusément mêlés dans ce cahos de misères.

Une salle contient uniquement des aveugles; elles couchent deux. Ces femmes qui, pour la plupart viennent de l'Hôtel-Dieu, sont censées incurables, &, comme telles, on ne tente aucune opération qui puiſſe les guérir. Les paralytiques couchent ſeules dans deux dortoirs; les autres n'offrent plus qu'un mélange dégoûtant d'infirmités de tous genres, & une malpropreté qui ſoulève le cœur. On ne voit pas ſans peine combien peu on porte d'attention à ſoigner la vieilleſſe que tout engage à conſoler, à ranimer : le ſpectacle de la plupart des dortoirs de cette maiſon eſt vraiment hideux. Dans quelques-uns les femmes couchent quatre, & quelquefois cinq dans le même lit; d'autres contiennent ſous un toît très-bas & dans une très-petite largeur quatre rangées de lits; dans le jour on y eſt ſuffoqué, on ne conçoit pas comment on peut y reſpirer la nuit. Ces cloaques infects doivent recéler des germes de putridité, ſuite néceſſaire de l'amoncellement horrible d'individus déja affoiblis par la miſère, l'âge & les infirmités. C'eſt cependant ſur ce fumier, offert comme un bienfait, que toutes les claſſes pauvres de la ſociété viennent s'innoculer une mort lente. Il ſeroit facile à l'adminiſtration de réparer ces erreurs en claſſant les différens âges, en prodiguant aux pauvres une ſurveillance plus affectueuſe; car tout aigrit le malheureux, & ſa miſere même lui donne des défauts qu'une vraie compaſſion fait ſeule ſupporter, & peut atténuer. Il ſemble auſſi qu'on trouveroit facilement le moyen de donner de l'air dans pluſieurs dortoirs, ſoit avec des ventilateurs, ſoit par de nouvelles ouvertures; mais le moyen le plus efficace ſeroit de diminuer la maſſe énorme des individus de la Salpêtrière, & de réduire à une meſure préciſe le nombre des pauvres que cette maiſon doit recevoir.

Quelques dortoirs, un peu plus propres, font réfervés aux filles de fervice qui ont obtenu leur retraite, & à quelques femmes plus âgées; car à l'exception d'elles & des paralytiques, le droit de coucher feul s'achète comme à Bicêtre, depuis quarante jufqu'à cinquante écus. On paie encore trois cents livres à la Salpêtrière la permiffion d'occuper de petits cabinets féparés : il y en a quarante-un de cette efpèce, c'eft affurément payer bien cher un afyle mal fain & fans air; mais ce logement donne droit, à celle qui n'eft pas tout-à-fait pauvre, de participer à la nourriture de l'Hôpital : ainfi il eft doublement un abus.

Outre le profit que la Salpêtrière tire de la vente des lits & du logement, elle en tire encore un autre des penfionnaires qu'elle reçoit; elles étoient le neuf Juin au nombre de foixante-fix, & claffées dans l'ordre qui fuit :

Quatre de 600 livres, une de 400, une de 350, fept de 300, trois de 250, vingt-fix de 200, dix-huit de 150, fix de 120.

Nous ne répéterons pas ce que nous avons dit en parlant de Bicêtre, fur ce mélange de pauvres mieux traités, & de pauvres dénués de tout; de l'immoralité d'un régime de maifon de charité, où l'égalité ne règne pas; nous ajouterons feulement que celle qui eft en état de payer quatre cent cinquante livres comptant, & une penfion de deux cents livres, ne doit point être à la Salpêtrière; elle y tient la place d'un pauvre, & par conféquent il y a un individu de plus qui fouffre.

Si pour avoir de la viande un peu plus cuite, des alimens mieux affaifonnés, il faut jouir d'une forte d'aiſance, on demande ce que devient alors cette charité, toujours également active, qui doit préſider aux diſtributions de ſecours. Les yeux du pauvre qui ne peut rien offrir, ſont encore bien plus offenſés par une inégalité de traitement qui tient à de modiques ſommes données aux Officières de la Maiſon; on obtient en retour des préférences, des choix dans les alimens, & ces ſecours, ſi foibles qu'ils ſoient, ne peuvent avoir lieu qu'en prenant ſur la maſſe totale, & dans ce cas le pauvre perd & l'Officière gagne. On ne ſauroit trop le répéter, il n'exiſte dans ces hoſpices aucune bienfaiſance gratuite, on vend tout au malheureux, juſqu'aux ſoins qu'on lui doit à tant de titres, & on rend ſon malheur plus cuiſant & plus inſupportable.

Parmi cette foule d'emplois qui, à la Salpêtrière, occupent tant de gens de ſervice, il en eſt un digne de remarque. Dans un petit dortoir, très-mal-propre, ſe trouvent ſeize filles, dont l'unique fonction eſt de quêter dans les différentes paroiſſes de Paris; elles ſont obligées, par leur traité, de rapporter à la maiſon vingt ſols par mois; l'excédent de ce genre de travail leur eſt *alloué*; ainſi l'aumône eſt en régie, & la mendicité en emploi. Cet uſage eſt conſervé, dit-on, pour ſoutenir le privilége qu'avoit la Salpêtrière d'envoyer quêter dans les paroiſſes. Quel privilége à ſoutenir, & pour un Hôpital d'un auſſi énorme revenu!

Si la loi qui exige d'être ſexagénaire pour être admis à la Salpêtrière au nombre des bons pauvres, eſt ſouvent éludée par la faveur & les circonſtances, elle eſt plus impérieusement suivie dans l'admission des gens mariés. Cet établissement particulier à la Salpétrière, est connu sous le nom de *Ménages*. Pour être admis dans cette classe, il faut que le mari & la femme soient âgés de soixante ans, qu'ils soient nés dans la ville ou banlieue de Paris, ou bien qu'ils y soient domiciliés depuis deux ans : leur extrait baptistaire, leur contrat de mariage & un certificat de pauvreté du Curé de leur paroisse, sont les titres qu'ils apportent au bureau, qui leur délivre un billet d'admission quand il y a une place vacante. Si la femme meurt la première, & que le mari veuille rester à l'Hôpital, on le fait passer à Bicêtre ; si au contraire la femme devient veuve, elle reste à la Salpétrière & entre dans un dortoir.

Cet établissement, qui remonte à 1663, a été doté par le Cardinal Mazarin, qui donna en 1665 à l'Hôpital général cent soixante mille livres, pour construire à la Salpétrière un bâtiment propre à loger des gens mariés. Cette fondation ne leur accorde d'autre avantage que d'être placés dans des cellules, au nombre de cent huit ménages. Leur traitement en nourriture est le même que celle des autres pauvres. Quand on compare ces ménages avec ceux des *Petites-Maisons* dont nous rendrons compte, on voit que tout est au désavantage de la Salpétrière ; les logemens y sont sales, peu aërés ; la vieillesse y est chagrine, mal-propre, la nourriture mal-saine, & nulle attention ne prévient les plaintes du pauvre : la sérénité, le contentement semblent être le partage de la vieillesse aux Petites-Maisons, & les précautions dont on l'a environnée la rendent moins difforme & plus heureuse.

La Salpêtrière renferme aussi des folles ; le nombre en étoit de cinq cent cinquante lors de notre première visite ; elles y sont bien plus mal que les fous ne sont à Bicêtre ; l'air des vieilles loges est infect, elles sont petites, les cours étroites ; tout y est dans un état d'abandon aussi affligeant qu'inconcevable ; tous les genres de folie sont confondus : les folles enchaînées (& il y en a un grand nombre) sont réunies avec les folles tranquilles ; celles qui sont dans les accès de rage, sont sous les yeux de celles qui sont dans le calme : le spectacle de contorsion, de fureur, les cris, les hurlemens perpétuels ôtent tous moyens de repos à celles qui en auroient besoin, & rend les accès de cette horrible maladie plus fréquens, plus vifs, plus cruels & plus incurables. Là, enfin, n'existe nulle douceur, nulle consolation, nuls remèdes. On bâtit de nouvelles loges, un peu plus grandes, plus aërées, moins susceptibles d'infection, mais toujours dans le même système que les autres, & par conséquent n'épurant aucuns de leurs vices essentiels.

Vingt-deux folles, un peu tranquilles, couchent dans onze lits ; quarante-quatre imbécilles sont également couchées deux à deux ; les salles sont sans propreté & sans courant d'air ; toutes les folles reçoivent la même nourriture que les autres pauvres de la Maison, & seulement un quart de pain de plus ; ces quantités sont insuffisantes pour des individus qui, dans une agitation continuelle, dissipent plus que s'ils travailloient : à tous ces maux qui proviennent des localités, de l'abſence de toute eſpèce de traitement, du trop grand nombre d'individus raſſemblés ſur un trop petit eſpace ; il faut ajouter les contradictions habituelles qu'éprouvent les folles entièrement livrées à l'agacerie des curieux qui les viſitent, & aux mauvais traitemens des employées qui les doivent ſoigner, & qui déja aigries elles-mêmes par un genre de ſervice dur & repouſſant, ne les conſidèrent que comme des animaux à qui elles apportent la nourriture & l'eau, & qu'elles ſéparent quand ils ſe battent. De tous les malheurs qui affligent l'humanité, l'état de folie eſt cependant un de ceux qui appele à plus de titre la pitié & le reſpect ; c'eſt à cet état que les ſoins devroient être plus abondamment prodigués : quand la guériſon eſt ſans eſpoir, que de moyens il reſte encore de douceur, de bons traitemens, qui peuvent procurer à ces malheureux au moins une exiſtence ſupportable. Nous avons à cet égard de grandes leçons à recevoir de l'humanité éclairée des Anglois ; leurs Hôpitaux des fous réuniſſent tous les avantages, toutes les commodités, tous les moyens de guériſon poſſibles à deſirer & à prévoir : mais parmi tous les autres, on diſtingue celui de Yorck, dirigé par le Docteur Hunter, où le plus grand nombre de malades ſont guéris, & où les bons traitemens, les moyens de confiance, les careſſes ſont ſi heureuſement employés, que jamais les plus enragés ne ſont attachés, ou que plutôt les accès de fureur & de rage y cèdent promptement & ſans retour au régime de conſolation & de douceur, conſtamment employé dans la Maison : le Docteur Hunter, dont la vie & la fortune ont été consacrées sans relâche à ces bienfaisantes fonctions, est de ces estimables phylantropes à qui sont dues la vénération & la reconnoissance de toutes les Nations.

La Salpêtrière a pour les femmes une maison de force : c'est dans cette affreuse demeure que sous l'ancien régime, la police de Paris entassoit dans une centaine de lits, sans pitié, comme sans secours, cinq à six cents filles publiques. On y réunissoit aussi celles qui, par des Arrêts ou des ordres particuliers étoient condamnées au renfermement. Depuis la révolution le nombre en est prodigieusement diminué, quatre-vingt-trois petits cabinets semblables aux cabanons de Bicêtre ; mais plus mal sains, sont occupés la nuit par une partie de ces prisonnières.

Dans d'autres dortoirs sans air, & au milieu de la fange, sont encore aujourd'hui deux cent vingt-huit femmes ; quatre vingt-quatorze sont condamnées pour la vie, elles couchent trois dans un même lit ; cent trente-quatre autres condamnées à une réclusion plus ou moins longue, la plupart flétries, attendent dans les angoises, la fin de leur châtiment ; elles couchent deux & sont confondues, quelles que soient les causes de leur détention.

Indépendamment des réflexions poignantes dont ce séjour d'horreur pénètre, une entr'autre poursuit constamment. De quelle utilité peut-il donc être d'ajouter à la privation de la liberté, tout ce qui peut la rendre encore plus insoutenable ? pourquoi par tous ces traitemens augmenter encore le malheur des femmes déja si malheureuſes ? Ah ! que l'humanité eſt encore peu réfléchie, qu'elle eſt même encore inconnue dans les priſons françoiſes ! Il y ſemble qu'on n'en doive ni aux criminels, ni même aux détenus coupables ; comme ſi le malheur avoit beſoin pour être plaint, pour être conſolé, d'autre titre que le malheur lui-même. C'eſt particulièrement pour les priſonniers condamnés pour la vie que toutes les douceurs compatibles avec leur détention devroient être réunies, c'eſt à eux qu'elles ſont dues : ces malheureux n'ont plus d'eſpoir. Parmi les priſonnières de la Salpêtrière beaucoup réclament la faveur du Décret de l'Aſſemblée, favorable aux détenues. La prudence en a ſuſpendu l'effet dans cette maiſon, & l'économe aſſure qu'il pourroit y être exécuté ſans inconvénient. Beaucoup de ces femmes ſans doute jadis coupables, aujourd'hui demandées ou par leurs maris ou par leur parens, ont expié leurs fautes par une longue & pénible détention, & donnent l'eſpoir d'un ſincère repentir. Nous nous croyons permis de ſolliciter la liberté de celles que l'examen de leur faute & de leur conduite dans la maiſon, montreroit pouvoir en jouir ſans danger pour la ſociété.

La correction, qui eſt le lieu de grande punition pour la maiſon, contenoit, quand nous l'avons viſitée, quarante-ſept filles la plupart très-jeunes & plus inconſidérées que coupables : quelques-unes ſont des élèves de l'Hôpital, & renfermées par les ordres ſeuls de la ſupérieure. Des réponſes hautaines faites à une officière ; des plaintes indiſcrètes ; faut-il le dire ? du vin bu avec des hommes dans un cabaret entretenu dans la maiſon, & l'une des branches de de ſon revenu, avoient provoqué ces châtiments qui duroient depuis ſix mois & un an. Aucun repos, aucune douceur, aucun exercice pendant tout le tems de leur détention, & toujours cette confuſion d'âge, toujours ce mélange choquant de jeunes filles légères avec des femmes invétérées dans le vice, qui ne peuvent leur apprendre que l'art de la corruption la plus effrénée. Il eſt tems de reconnoître & d'enſeigner par-tout qu'une punition qui n'améliore pas eſt abſurde, & que celle qui peut corrompre eſt criminelle.

Preſque toutes les femmes de la Force, ſur-tout les jeunes, travaillent au profit de la maiſon : on leur accorde, dit-on, quelques douceurs au-delà du traitement ordinaire des pauvres, mais elles ne leur parviennent que par la volonté des Sœurs. On abandonne aux femmes qui ne ſavent que filer & tricoter, le produit de leur travail; mais il faut faire vendre leur ouvrage, & le peu qu'elles en retirent eſt ſi modique, que, malgré leur ſolitude & leurs beſoins, les meilleures ouvrières ne gagnent pas au-delà de dix ſols par ſemaine.

Les priſonnières qui payent une penſion ſont nourries en conſéquence : celle qui ſe trouve attaquée de maux vénériens, eſt envoyée à Bicêtre pour y être traitée ; celle qui eſt groſſe, eſt placée dans un lieu particulier deſtiné à cet uſage ; enfin celle qui eſt malade, eſt ſoignée dans l'infirmerie de la Force.

Des cachots moins affreux que ceux de Bicêtre, mais bien horribles encore & bien ſombres, étoient deſtinés aux priſonnières qui donnoient des mécontentemens graves;

ils ne feront plus mis en ufage. On ne peut imaginer comment des femmes ont pu deftiner à d'autres femmes des lieux de punition dont l'afpect feul fait friffonner, & où un être foible, malheureux, & fréquemment fufceptible d'une frayeur exceffive, trouvoit toujours un fupplice affreux, & fouvent encore la fource de beaucoup de maux pour le refte de fa vie.

Dans plufieurs dortoirs on trouve de petites infirmeries affez propres, mais uniquement deftinées aux officières, aux filles de fervice & à quelques privilégiées; le pauvre eft conduit à l'infirmerie générale; beaucoup de vieilles femmes languiffent dans leur dortoir, & meurent fouvent fans qu'on ait eu le tems de les fecourir.

L'infirmerie générale, la feule qui exifte encore en activité dans toutes les maifons de l'Hôpital-général, ne manque pas abfolument d'air & de propreté, mais les falles contiennent trop de lits; les lits font trop chargés de bois, & font ainfi plus fufceptibles de recevoir & de conferver des miafmes putrides. Les maladies font confondues à-peu-près fans diftinction dans ces falles, les âges font encore moins féparés. Le nombre des malades eft, au terme moyen, d'environ trois cents.

Depuis que l'infirmerie eft établie à la Salpêtrière, la mortalité n'eft dans la maifon que d'un peu moins d'un dixième, le nombre de morts, dans les grandes & petites infirmeries, dans les dortoirs, étant, année commune, de fix cent vingt. Avant qu'elle fût établie elle étoit de plus d'un fixième; cinq cents malades mouroient à l'Hôtel-Dieu, & quatre cent cinquante dans les dortoirs où la probabilité de la mort étoit encore moins forte pour les plus malades, ſans aucun traitement, que par la chance du tranſport & du traitement de l'Hôtel-Dieu. L'expérience a ainſi achevé de démontrer la grande utilité de l'établiſſement des infirmeries, qui peut cependant dans ſes détails être beaucoup perfectionné. Le ſentiment des Médecins & Chirurgiens eſt que le mauvais air, la faim, la mauvaiſe qualité des alimens, & les effets trop certains de la communication intime des jeunes perſonnes entr'elles, engendrent l'épuiſement, le maraſme, le ſcorbut, la galle lépreuſe, les fièvres putrides, maladies les plus communes dans la maiſon.

On a établi un traitement pour la galle ; mais les jeunes filles, comme nous l'avons dit, ſans ceſſe enſemble, la donnent & reprennent continuellement ; elles n'en guériſſent jamais, &, pendant le cours de leur vie, ces créatures infortunées conſervent des maladies de peau, qui, combinées avec toutes les autres infirmités qui leur ſurviennent, en font néceſſairement les êtres les plus viciés de la nature.

Qu'on ne croie pas que nous exagérions : il n'eſt pas une jeune fille, il n'eſt pas de femmes, de quelque âge quelles ſoient, à la Salpêtrière, qui n'ait la galle ou ne ſoit prête à la recevoir.

L'inſouciance habituelle eſt pouſſée au point qu'il n'y a pas de lieu particulier pour guérir les perſonnes âgées qui gagnent cette maladie, & que trois ou quatre baignoires, abſolument inſuffiſantes pour ce genre de ſervice, ſont encore miſes à l'écart & hors d'uſage depuis long-tems. Cependant cent dix-huit lits, où l'on entaſſe des galeuſes de toute eſpèce, ſans air, ſans propreté, ſans ſoins, figurent ſur les états que l'on fournit à l'adminiſtration, & un dortoir particulier paſſe pour une infirmerie où l'on traite les maladies de peau.

La ſalle la plus horrible que l'on puiſſe préſenter aux yeux de celui qui conſerve quelque reſpect pour l'humanité, eſt celle où près de deux cents filles jeunes & vieilles attaquées de la galle, des écrouelles & de la teigne, couchent pêle-mêle, quatre & cinq dans un lit, ſe communiquant, ſe compliquant tous les maux que la fréquentation peut donner. Combien de fois, en parcourant tous ces lieux de miſère, ne ſe dit-on pas avec horreur, qu'il ſeroit preſque moins cruel de laiſſer périr l'eſpèce humaine, que de la conſerver avec auſſi peu de ménagemens.

Un médecin dont les forces ne peuvent ſuffire à tant de malades, une apothicairerie faſtueuſement montée, parce ce qu'on en tire des objets de conſommation utiles, des chirurgiens très-mal payés, indécemment logés, parce qu'ils ne peuvent offrir que du talent; tel eſt ce qui complette le ſervice de ſanté de la Salpêtrière.

La comptabilité y eſt, comme dans toutes les autres maiſons de l'Hôpital, faite par l'économe; la recette, compoſée de toutes les ventes dont il ſeroit juſte de détruire l'uſage, ſe monte à quatre-vingt-ſept mille ſix cents liv., & la dépenſe faite par l'économe à cent dix mille liv.

Le nombre des employés de toutes claſſes dans cette

maison est de douze cent trente-quatre, dont trois cent quatre-vingt-cinq hommes & huit cent quarante-neuf femmes, ce qui, pour six mille sept cents, donne la proportion d'un employé pour un peu plus de cinq pauvres.

En terminant cette longue énumération d'abus dont nous avons supprimé beaucoup de détails, qu'il nous soit permis de rapprocher le tableau de Bicêtre & de la Salpêtrière, tel que leur comparaison nous le fait voir.

Dans la première de ces maisons, le despotisme des subalternes est plus calme, plus voilé: ce sont des hommes qui commandent. Dans la seconde, il est plus actif, plus tracassier, plus dur même; des femmes ont l'empire.

La fainéantise, le vice & la scélératesse sont refugiés à Bicêtre; l'aigreur, l'envie & la corruption sont sans cesse en action à la Salpêtrière.

L'oisiveté énerve les hommes à Bicêtre; le travail forcé tue les enfans de la Salpêtrière.

La malpropreté est par-tout la même, mais elle est d'une bien plus dangereuse conséquence pour la santé des femmes; enfin l'aspect de Bicêtre est plus horrible, celui de la Salpêtrière plus dégoûtant.

Dans ces deux maisons, le nombre des employés n'est dans aucune proportion avec la nécessité du service; ils appauvrissent, si l'on peut parler ainsi, les pauvres mêmes, & l'administration qui ne voit en eux que des protégés, les conserve, & par bienfaisance, & par habitude.

Nous finirons comme nous avons commencé : une maison de charité qui doit entretenir journellement sept mille individus de tout âge & de toute espèce, ne peut être bien adminiſtrée ; une prévoyance plus grande, une humanité mieux entendue, une activité plus ſurveillante, adouciroient à Bicêtre & à la Salpêtrière le ſort des pauvres, rendroient l'ordre des choſes beaucoup moins mauvais, mais ne pourroient jamais le rendre bon.

MONT-DE-PIÉTÉ.

Le Mont-de-Piété, compris dans les Maiſons qui forment le grand établiſſement de l'Hôpital-général, n'y a été réuni, en 1779, lors de ſa création, que pour augmenter les revenus des pauvres, & donner ainſi une intention ſainte à cet établiſſement qui, pour quelques malheurs qu'il ſert & qu'il prévient, eſt la ſource & le moyen d'un beaucoup plus grand nombre qui n'exiſteroient pas ſans lui.

Six des Adminiſtrateurs de l'Hôpital-général régiſſoient, ſous l'inſpection ſupérieure du Parlement, ce vaſte établiſſement.

L'argent prêté à deux deniers pour livre par mois compoſe le revenu de cette Maiſon. Celui qu'elle emprunte pour ſatisfaire à ces prêts, conſomme la moitié de ce produit. Dans les cinq pour cent de bénéfice reſtant, les frais d'adminiſtration ſont payés : le reſte rentre dans les coffres de l'Hôpital-général ; mais comme il a dû ſupporter les frais de l'établiſſement, il réſulte que depuis la création, à trois cent mille livres près, il n'a encore bénéficié de rien. Il faudroit être entré dans tous les détails des beſoins de cette Maiſon & de ſes dépenſes, pour pouvoir prononcer ſi l'Adminiſtration a été auſſi économique que doit être celle qui régit le bien des pauvres. Nous nous ſommes bornés à reconnoître que les frais d'établiſſement ont monté juſqu'à préſent à dix-ſept cent mille livres, & exigent encore environ cent mille liv., ſi toutefois on ne conſtruit pas un pavillon conſidérable compris dans le plan qui n'eſt pas encore commencé, & qui occaſionneroit une grande augmentation de dépenſes.

On ne peut trop admirer dans cette Maiſon, l'ordre de la comptabilité qui, compoſée de pluſieurs natures de recettes & de dépenſes, & de la multitude la plus compliquée de détails différens, eſt ſimple, bien ordonnée, claire, & donne vraiment l'idée de la perfection.

Le revenu du Mont-de-Piété dépendant abſolument des nantiſſemens qu'il reçoit, ne peut être évalué avec préciſion. Si l'intérêt du prêt pouvoit être diminué, cette Maiſon préſenteroit plus d'utilité & moins de dangers. Il ſeroit bien heureux que des Caiſſes Nationales ou Municipales puſſent remplacer cet établiſſement, moins nuiſible, moins dangereux, ſans doute, que les repaires d'uſuriers qui, ſans loix, affranchis de toute inſpection, ruineroient plus certainement & plus promptement les malheureux obligés d'y recourir. Mais une adminiſtration paternelle & ſurveillante, aſſez diviſée pour n'avoir pas toujours l'inquiétude d'être trompée, & pour bien connoître les beſoins, ſauveroit bien des fortunes, préviendroit bien des dérangemens, bien des vols; enfin, ſeroit auſſi moralement qu'économiquement utile, & la Conſtitution actuelle nous doit faire espérer d'en voir l'établissement dans les grandes villes & dans les Départemens. Ecarter des Citoyens le plus grand nombre d'écueils, leur présenter la possibilité du plus grand nombre d'avantages; voilà le devoir & le bonheur d'une bonne Administration résultante d'une Constitution libre & sage.

RÉSUMÉ GÉNÉRAL.

En considérant l'ensemble de l'Hôpital-général, la réunion des secours de toute espèce qu'il donne, la masse de revenus dont il jouit, on ne peut se refuser à rendre hommage aux vues grandes & bienfaisantes qui ont rassemblé dans ce centre commun tant de moyens d'assister la misère & de consoler le malheur. Aucun autre lieu du monde ne donne l'exemple d'un établissement charitable d'une aussi grande étendue, & qui, dans l'intention de sa fondation, doive pourvoir aussi complétement aux besoins de ceux qu'il assiste. En effet, l'Hôpital-général doit, par la lettre même des fondations particulières, des dons royaux, des loix qui réglent son institution, ses devoirs & ses ressources, élever les enfans pauvres ou abandonnés dès leur naissance, pourvoir à leur nourriture, veiller à leur santé à leur éducation, les former au travail, les mettre en état d'exercer un métier, les surveiller dans leur apprentissage, les suivre dans les premiers temps de leur jeuneſſe, marier les filles ou les placer, recueillir & ſoigner toutes les infirmités, accueillir la vieilleſſe pauvre, la conſoler, répandre enfin des ſecours & des adouciſſemens ſur toutes les infortunes. Jamais dans aucun des titres qui ont fondé ou réuni à l'Hôpital-général les différentes Maiſons dont il eſt compoſé, il n'eſt parlé de penſion, de ventes d'aucune eſpèce, de ſecours mis à prix d'argent; ils doivent être tous gratuitement donnés aux pauvres, & l'économie de l'Adminiſtration y eſt toujours expreſſément ordonnée. Ainſi, cet immenſe établiſſement a été formé dans les vues les plus poſitivement exprimées de bienfaiſance, de prévoyance & de charité; mais il portoit dans ſon étendue, dans la nature & les formes de ſon Adminiſtration, le germe de tous les abus qui s'y ſont introduits, & qui ne pouvoient point n'en pas détériorer bientôt les intentions.

L'Adminiſtration ſupérieure étoit, comme nous l'avons dit, compoſée de l'Archevêque de Paris, des Premiers Préſidens des Cours Souveraines, du Procureur-général du Parlement de Paris, du Lieutenant de Police, du Prévôt des Marchands, de toutes perſonnes enfin qui ne pouvant, par l'étendue de leurs occupations perſonnelles, ſe livrer à des examens partiels, ne connoiſſoient que des réſultats de comptes, n'étoient appelés à prononcer que ſur les affaires majeures; & leurs déciſions, toujours préparées, & maîtriſées en quelque ſorte par les détails dont ils n'etoient pas inſtruits, ſe trouvoient dictées toujours auſſi d'avance par ceux-mêmes qui les provoquoient. Les Adminiſtrateurs gérans eux-mêmes, chargés ſouvent, comme nous l'avons dit, de fonctions publiques, occupés de leurs affaires particulières, ne pouvoient donner une attention de tous les momens à une Administration aussi immense, aussi compliquée, qui demande & des soins au dehors, & une continuelle surveillance intérieure. La partie des subsistances, des approvisionnemens, régie par les Administrateurs, en occupe elle seule plusieurs qui s'y consacrent presqu'entièrement. Sans doute on peut dire, & il nous a semblé à nous-mêmes que ce mode d'Administration, le plus embarassé de détails, le plus compliqué, le plus nécessaire à surveiller sans cesse, & par conséquent le plus susceptible de gaspillage & d'abus de toute espèce, n'étoit pas même le plus économique, qu'il ne convenoit pas sur-tout à l'approvisionnement d'un aussi grand nombre de maisons considérables; mais il existe, & ces détails, encore une fois immenses, exigent une correspondance, des soins, une prévoyance continuelle, & servent à prouver que l'Administration active de toutes les parties de l'Hôpital-général est au-dessus des moyens d'hommes qui, s'y livrant gratuitement, doivent conserver quelques momens à leurs intérêts particuliers & à leurs autres devoirs. De là il est arrivé qu'ils ont dû donner leur confiance entière aux Economes & Supérieures des différentes Maisons; que plus ils ont apporté, dans leurs fonctions, d'amour du bien, de bienfaisance & de charité, plus ils ont dû être facilement séduits par ceux qui leur en faisoient entendre le langage. De là on voit comment, séduits par l'opinion du mérite des personnes dans lesquelles ils avoient placé leur confiance, les représentations, les plaintes, la vérité pouvoient difficilement leur parvenir; comment la proposition d'une dépense, d'un changement, d'un Réglement nouveau qui leur étoit présenté avec l'apparence d'une amélioration dans le sort d'une classe de pauvres ou de quelques individus, ne trouvant pas de contradicteurs, devoit être promptement consentie par eux, & comment ainsi, avec les intentions les plus pures, ils autorisoient souvent un abus en croyant ordonner une institution secourable. Nous sommes loin de vouloir faire entendre que les personnes dirigeant aujourd'hui ces grandes maisons, nous aient paru remplir imparfaitement leurs fonctions; plusieurs même nous ont semblé très-occupées du soin des pauvres, très-pénétrées de leurs devoirs; nous avons seulement voulu faire connoître combien, par la nature des choses, les Administrateurs les mieux intentionnés trouvent d'obstacles à faire de bons choix.

Cette confiance, nécessairement aveugle, des Administrateurs dans ceux qui sont en première ligne au-dessous d'eux, a dû encore entourer ceux-ci de séduction, d'hypocrisie, & produire ainsi un mauvais choix de seconds employés; car les ames honnêtes sont généralement fières, & se prêtent peu aux moyens si familiers à l'intrigue, qui se retrouvent par-tout où il y a à obtenir, & d'autant plus dangereusement pour celui qui distribue les faveurs, que toujours ils prennent ses couleurs.

De là l'énorme disproportion d'employés avec les pauvres à assister, elle est de plus d'un sur cinq; de là le traitement plus considérable de ces employés, l'abondance de leurs commodités, d'une ſorte de luxe qui contraſte douloureuſement avec l'inſuffiſance du ſecours des pauvres, de là le choix, ſouvent mauvais, des Gouvernantes qui, priſes dans les élèves de la Maiſon, & n'en connoiſſant que les uſages, en enſeignent & en perpétuent néceſſairement l'ignorance & les abus; de là cette charité peu réfléchie qui, entaſſant dans les maiſons un beaucoup plus grand nombre de pauvres qu'elles n'en peuvent contenir, nuit à la ſanté, au bien-être de tous, & augmente à un point conſidérable la chance des mortalités: de là enfin cette indifférence pour les malheureux, vice véritablement capital de cette grande Adminiſtration, & par lequel aucune claſſe n'étant encouragée au travail, les pauvres âgés y végètent malheureux, & les enfans y prennent le germe de tous les vices qui prédeſtinent en quelque ſorte le reſte de leur vie au malheur, à la misère & au crime.

Les mêmes cauſes influent auſſi impérieuſement ſur la nature des dépenſes.

Le revenu de l'Hôpital-général s'élève à environ 3,600,000 livres, ſans compter celui des Enfans-Trouvés, qui ſe monte annuellement à près d'un million, & dont l'adminiſtration eſt diſtincte : il doit faire face à la dépenſe des maiſons de la Salpêtrière, de Bicêtre, de la Pitié, du Saint-Eſprit, de Scipion; il ne fournit que les comeſtibles aux trois maiſons des Enfans-Trouvés, & il n'en fait que l'avance à Sainte-Pélagie.

Les comeſtibles de ces maiſons ſont eſtimés environ 110,000 livres; le reſte n'a donc pour objet que les dix mille neuf cent soixante-neuf individus secourus dans les quatre maisons où ils sont admis. Nous prenons pour nombre absolu, le nombre actuel, quoique les circonstances le rendent plus considérable qu'il ne l'est ordinairement, & nous distrayons de la totalité des individus trouvés dans la maison, les employés supérieurs des deux sexes, qui ne peuvent être compris dans la classe des pauvres, où nous laissons les employés subalternes : & nous trouvons ainsi, que la partie de la dépense, affectée particulièrement aux pauvres, c'est-à-dire, la nourriture & l'habillement, ne s'élève qu'à un million cinquante-cinq mille livres, sur trois millions six cent mille livres ; les frais d'administration, engagemens, rentes à payer (& il y en a pour environ 100,000 liv.), & particulièrement les réparations & les bâtimens, consomment tout le reste (1).

---

(1) *Dépenses des Maisons dépendantes de l'Hôpital-général.*

	Par individu	Article	Dépense	Total
A	73 l. 15 s. 3 d.	Nourriture de 5,913 individus à la Salpêtrière	436,157 l. 13 s. 3 d.	832,204 l. 7 s. 11 d.
	79 11 »	Nourriture de 3,540 individus à Bicêtre.	281,607 » »	
	70 17 2	Nourriture de 1,396 individus à la Pitié.	98,918 4 8	
	129 6 11	Nourriture de 120 individus au S. Esprit.	15,521 10 »	
A	75 l. 17 s. 4 d.	L'un portant l'autre, 10,966 individus coûtent pour leur nourriture		833,204 l. 7 s. 11 d.
	20 7 4	Leur habillement coûte		223,300 » »
		Le total de leur dépense réelle est donc de		1,055,504 l. 7 s. 11 d.

Cette diſproportion eſt effrayante : cette dépenſe énorme pour des objets étrangers au véritable objet des revenus, au ſoulagement direct des pauvres, eſt encore un vice inhérent en quelque ſorte à un établiſſement auſſi conſidérable. Peut-être eût-on pu mettre dans les bâtimens moins de magnificence, n'en pas faire conſtruire en auſſi grand nombre, y employer plus d'économie : comme nous ne ſommes entrés dans aucun de ces détails, nous ne pouvons avoir à cet égard un avis bien arrêté. Mais toujours eſt-il vrai qu'il falloit des infirmeries, des ſalles, des cuiſines ; qu'un hôpital qui a près de 4,000,000 livres de revenus, n'apporte néceſſairement pas dans l'emploi des fonds la même économie qu'une maiſon dont les revenus & l'adminiſtration ſont bornés ; que les mêmes Adminiſtrateurs, remplis de vues ſages & de bonnes intentions, mettent cependant dans la dépenſe qu'ils ordonnent ſupérieurement une ſorte de foibleſſe & de complaiſance, quand les comptes ne ſont rendus qu'à un bureau qui n'a pas le loiſir d'en vérifier les élémens, que s'ils devoient être rendus publics & ſoumis à l'approbation & à la cenſure de tous leurs Concitoyens, & qu'enfin la grandeur vraiment monſtreuſe de cet établiſſement, ſe trouve preſque toujours la première cauſe, la cauſe preſque néceſſaire des abus.

N'étant pas chargés par l'Aſſemblée de préſenter des vues d'amélioration ſur les maiſons de Charité de Paris, nous nous bornerons ſeulement à dire que ſi le ſyſtême des ſecours à domicile prévaloit, ſyſtême qui préſente entr'autres avantages précieux, celui de répandre les bienfaits sur toute la famille du secouru, de le laisser entouré de tout ce qui lui est cher, & de resserrer ainsi, par l'assistance publique, les liens & les affections naturelles, l'économie qui en résulteroit seroit très-considérable, puisqu'une somme beaucoup moins considérable que la moitié de celle que coûte aujourd'hui le pauvre de l'Hôpital, soutiendroit suffisamment l'individu secouru chez lui, & que sur près d'onze mille pauvres, ce mode de secours pourroit avoir lieu pour plus de huit milles, c'est-à-dire, pour les enfans & les personnes des deux sexes qui ne sont pas prisonniers, insensés ou sans familles : le reste des individus qui ne pourroient être assistés que dans des Hôpitaux, divisés dans plusieurs maisons, recevroient des secours plus entiers, une assistance plus personnelle, plus consolatrice. L'Administration, moins étendue, seroit plus susceptible de perfection, & les Administrateurs bienfaisans & vertueux qui en seroient chargés, seroient plus complétement récompensés de leurs peines, par le spectacle du bonheur des pauvres confiés à leurs soins, & qui seroit leur ouvrage.

Avant de terminer ce long Rapport, nous croyons devoir fixer l'attention de l'Assemblée sur la diminution qu'éprouve l'Hôpital-général dans ses revenus.

La suppression des indemnités qui lui avoient été accordées par le Gouvernement, en remplacement de la franchise des droits d'entrée, lui enlève 308,000 liv.; la diminution de la recette des droits d'entrée perçus en sa faveur est, pour les six premiers mois de cette année, de 400,000 livres. Sans doute cette perte qui ne sera pas la même à l'avenir, ne peut pas être évaluée constamment à 800,000 livres; mais toujours sera-t-elle diminuée, &, pour cette année, elle l'est de cette somme.

Les droits sur les Spectacles sont réduits, pendant ces mêmes premiers six mois, de 30,000 liv.

La destruction si légitime des priviléges pour l'impôt, coûtera à l'Hôpital, en vingtièmes & en taille pour ses biens de campagne qui en étoient exempts, plus de 40,000 livres.

On peut donc estimer à 1,200,000 liv. environ la perte qu'éprouvera cette année l'Hôpital-général dans ses revenus, & à 800,000 liv. au moins sa perte des années suivantes.

Une Administration plus éclairée & plus vigilante, un ordre de choses meilleures dans ce grand établissement, pourront probablement rendre à l'avenir ces revenus suffisans pour le nombre de pauvres qu'ils doivent assister, & ils pourront encore en recevoir un meilleur & un plus heureux traitement, condition nécessaire; mais il faut arriver à ce terme, & la position actuelle de cette branche de revenu des pauvres sollicitera l'attention de l'Assemblée.

La déclaration solemnelle qu'elle a faite de mettre au rang de ses premiers devoirs les secours & la protection à donner à la classe malheureuse, doit ôter toute inquiétude à ceux auprès de qui les ennemis de la chose publique voudroient employer encore ce moyen d'alarme & de mécontentement.

www.ingramcontent.com/pod-product-compliance
Ingram Content Group UK Ltd.
Pitfield, Milton Keynes, MK11 3LW, UK
UKHW021230230726
13926UKWH00003B/1350

9 782014 433111